聪明学习

与时间和智力无关的奇妙方法

［瑞士］斯蒂芬妮·里茨勒（Stefanie Rietzler）
［瑞士］法比安·格罗利蒙德（Fabian Grolimund） 著
［瑞士］王琰（Loosli-Wang Yan） 译

CLEVER LERNEN

电子工业出版社
Publishing House of Electronics Industry
北京·BEIJING

Original title: Clever Lernen by Stefanie Rietzler and Fabian Grolimund

Copyright © 2018 by Hogrefe AG, Bern, Switzerland; www.hogrefe.ch

本书中文简体字版授予电子工业出版社独家出版发行。未经书面许可，不得以任何方式抄袭、复制或节录本书中的任何内容。

版权贸易合同登记号　图字：01-2019-7649

图书在版编目（CIP）数据

聪明学习：与时间和智力无关的奇妙方法／（瑞士）斯蒂芬妮•里茨勒（Stefanie Rietzler），（瑞士）法比安•格罗利蒙德（Fabian Grolimund）著；（瑞士）王琰（Loosli-Wang Yan）译.—北京：电子工业出版社，2020.5
书名原文：Clever lernen
ISBN 978-7-121-38782-1

Ⅰ.①聪…　Ⅱ.①斯…②法…③王…　Ⅲ.①学习方法－青少年读物　Ⅳ.① G791-49

中国版本图书馆 CIP 数据核字（2020）第 043269 号

书　　名：聪明学习——与时间和智力无关的奇妙方法
作　　者：斯蒂芬妮•里茨勒（Stefanie Rietzler）
　　　　　法比安•格罗利蒙德（Fabian Grolimund）
译　　者：王琰（Loosli-WangYan）

责任编辑：李　影　liying@phei.com.cn
印　　刷：中国电影出版社印刷厂
装　　订：中国电影出版社印刷厂
出版发行：电子工业出版社
　　　　　北京市海淀区万寿路173信箱　邮编：100036
开　　本：720×1000　1/16　印张：13　字数：135千字
版　　次：2020年5月第1版
印　　次：2020年5月第1次印刷
定　　价：58.00元

凡所购买电子工业出版社图书有缺损问题，请向购买书店调换。若书店售缺，请与本社发行部联系，联系及邮购电话：（010）88254888，88258888。
质量投诉请发邮件至zlts@phei.com.cn，盗版侵权举报请发邮件至dbqq@phei.com.cn。
本书咨询联系方式：（010）88254210，influence@phei.com.cn，微信号：yingxianglibook。

致我的好友纳蒂亚·浩普茨：你的个人魅力让很多人的生活变得丰富多彩——尤其是我的。感谢你我多年的友谊，它让我的心飞舞；也感谢我可以对你无所不言，或不必多言，因为你我间即便无言也默契。

斯蒂芬妮·里茨勒

致我当年的德文老师伊勒赛·汝赫：没有你我也许不会写书。

法比安·格罗利蒙德

译者序

谨以此书献给我的父母亲，没有他们的督促和鼓励，我也不会选择英语专业。

译书的过程艰辛而又快乐，让我从各个方面受益匪浅。如今译书出版了，我很开心。在这里，我要感谢我的家人，尤其是我的先生，他不仅主动分担家务，还在我翻译的过程中有求必应，做出详尽的解释；感谢我的儿子和女儿，他们放学后尽量自觉学习，完成分配的家务，以便给我留出译书时间。正是他们的理解和支持，我才可以在工作之余顺利完成翻译及后续工作。还要感谢我中国的亲人，他们作为第一读者，给我提出了许多宝贵的意见。特别感谢编辑李影，正是因为她耐心细致专业，此书才能顺利出版。

译书的过程中发生了许多有趣的事情，其中一个小插曲让我更增添了翻译的动力。一天，我在帮女儿复习英语单词时不自觉地用到了书中的方法：数学和英语穿插着安排学习、单词五个一组进行练习等。之后女儿对我说："妈妈，今天学习真有意思，和以往不一样。"于是我问她都记住了吗？她说当然都记住了。然后我们又顺便复习了一遍单词，而这其实就是书中提到的另一个技巧：主动回忆。

这是一本写给青少年的书，作为成年人的我也颇受益。当译到有关亚里士多德的"酝酿效应"时，我释然了，不再为翻译过程中一时无法找到合适的词语而纠结。你想知道为什么吗？那就到书中去找吧。

书中的窍门与技巧都切实可行，只要你能鼓起勇气开始。可是如果鼓不起勇气怎么办？书中也有相应的方法可以帮助你。

如果你是一个不爱学习或不会学习的人，通过本书的帮助，你会觉得学习变成了一件有趣的事，写作业也不那么难了，而且考试成绩还能提高；如果你是一个爱学习、会学习的人，通过阅读本书，你可以更好地理解和帮助其他同学。我们是需要关爱和互助的，不是吗？！

此外，与本书配套的五段短视频（《阿迪与杰斯：考试前的最后冲刺》系列），可以帮你更形象地领会这些窍门和技巧。

最后，预祝同学们在今后的学习生活中能够用到本书中的窍门和技巧，聪明地学习，为自己带来自信与快乐！

译者

2020年3月

特别声明：本书配套的五段短视频《阿迪与杰斯：考试前的最后冲刺》系列，版权归本书作者斯蒂芬妮·里茨勒（Stefanie Rietzler）和法比安·格罗利蒙德（Fabian Grolimund）所有。未经授权，任何人不得复制、节录和发布相关内容。

目 录
CONTENTS

你好哇！	001
找到书中对你最有帮助的那部分	004
哪里最适合你学习？自己说了算	006
记忆的窍门：让大脑开足马力	017
测试：这样我就能更快、更好地学习	042
费力少而得分高：考试大获成功	044
做到心中有数，而不是乱做计划	057
这样攻下繁难的课文：阅读、理解、总结、取胜！	066
这样你轻而易举就能成为外语能手	084
怎样才能驯服"数学怪兽"	105
轻松演讲	120
学习毫无动力？你可以巧妙地赶走内心的懒虫！	150
再见，考试压力！	165
怎样向暂时性失忆宣战	184
哇！	190
作者	191
参考文献	196

你好哇！

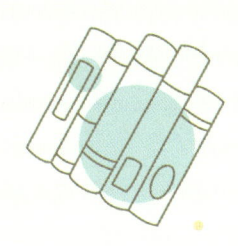

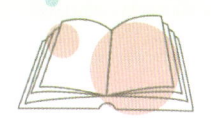

很高兴你能打开这本书。但在阅读之前，你可能会有这样一个疑问：

难道我真的要牺牲课外时间来读这本书吗？

好问题！你的时间很宝贵，不应该浪费在任何毫无意义的事情上。如果你符合下面几点，那么请读这本书：

我希望

★ 更快速地完成作业。

★ 轻松地学习。

★ 可以坦然地去参加考试。

★ 父母不必总是因为我的作业而抓狂。

★ 提高考试成绩。

★ 感到学习很有趣。

★ 有更多的课余时间。

这本书将帮你做到以上这些。不信吗？那就试试看吧，惊喜在等着你！

我们想送给你两份礼物：学习的乐趣和更多的课余时间。我们将一起探索，你怎样才能更多样化、更有意思地安排学习。不过不用担心——我们不会把你"打造"成书呆子。你不应该整天只与学校和作业打交道！完全相反，我们甚至可以帮你发掘出更多的课余时间，和姐们儿逛逛街或者和哥们儿玩一把。怎么实现呢？我们会帮你发动大脑，以便它能更愉悦、更快速地工作。这样一来，学习的时间会过得飞快！你能顺利地完成作业，然后轻轻松松地去做自己喜欢的事情。

这本书会告诉你，你怎样才能"聪明"地运用你的大脑；也将教会你一些只有记忆大师和学霸们才掌握的学习技巧。确切地说，你将学会怎样以较少的付出取得较好的考试成绩。我们也会告诉你一个秘方来对付"烦人"的老师和"可恶"的功课。

同时，这本书也是对付"烦人"的父母的一个盾牌。如果父母再用诸如"作业做完了吗？""别忘了，下周还有两个考试，该开始学习了吧？"之类的警告向你施加压力，或者因为你某次考试不及格而喋喋不休地说"没有好成绩以后找不到工作，你只能穿着充气的公鸡行头站在大街上发广告"之类的话，那你就应该拿着这本书，当着父母的面阅读，偶尔点点头并自言自语："嗯，这个策略不错，我得试试！"这样他们就会认为你知道怎么应对学习和考试，于是安静地走开。

准备好了吗？开始吧！

你好哇！ 003

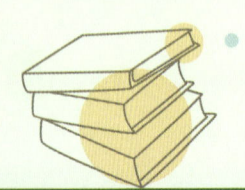

找到书中对你最有帮助的那部分

这本书是专为你准备的，你完全可以自主决定怎么使用它。我们当然希望你能从头到尾地通读。但你也可以问问自己最感兴趣的是什么，或者你立刻就想得到关于哪门功课的一些窍门。先看看目录，然后直接跳到自己想看的章节。

然而（这时请伸出你的食指做警告的姿态），如果你真想让学习变得轻松，考试取得好的成绩，还能有更多的课余时间，那你就必须尝试使用这本书中的技巧。

你必须抽出时间来试验这些学习策略。每试完一次就问问自己：这个适合我吗？我真的可以更好地学习吗？

有时你会很吃惊，看书时明明觉得"这肯定一点儿用都没有！"，可试过之后发现，你竟然能那么快就记住了所有的东西；而那些你刚开始觉得有意思的小窍门，事实上作用反而没有你想象的那么大。

现在立刻考虑一下你想从哪里开始吧！

如果你想更多地了解大脑是怎样工作的，你怎样才能帮助大脑快速记忆，那么你就可以从头阅读了。如果你感觉某门课的压力比较大，那就翻到目录，直接找到相应的章节，马上动手处理这个难题吧。

如果你就是没有学习动力，或者无法摆脱考前恐惧，那么请翻到书的最后一部分，从150页开始你会找到很多相应的窍门。

假如你认为："我才没有时间看这本书呢！现在有这么多考试！"那么请读第44页的《费力少而得分高：考试大获成功》。你就知道怎样才能做到：虽然学得不多，但学到的都是重点。

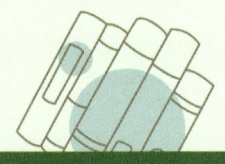

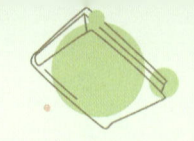

哪里最适合你学习？自己说了算

你是怎样选择自己的学习场所的？是否像米丽娅姆一样，由父母来帮忙决定？

对米丽娅姆的父母来说，给女儿的一定要最好的。暑假到了，他们一家人带着各种宣传册和专业杂志去逛家具店。任务是给米丽娅姆创造一个完美的学习角。到了家具店，父母很在行地同导购谈论书桌的高度并四处寻找有最佳光柱的台灯。米丽娅姆的父母说："不能把我女儿的眼睛看坏了！"

正当米丽娅姆想去卖床的地方休息一会儿的时候，爸爸叫住了她："想去哪儿啊，小姐？我们是因为你才来这儿的。现在还有最重要的一件东西——椅子。"

"选个办公椅能有多难？"米丽娅姆想着，跟在父母后面逛来逛去。后来她一眼瞥见那个完美的、极其舒适的老板椅，叫道："就买这个！"然后懒洋洋地半躺在里面。妈妈说："瞧，你这么个坐法，对脊椎肯定不好。"

爸爸也附和道："这可不是学习的姿态。买椅子是让你来学习的，而不是让你享受的。"整个漫长而痛苦的下午过后，椅子终于买到了，但在

米丽娅姆的父母对椅子的35项要求中这把椅子只有两项符合。

现在米丽娅姆的这套学习设备买了已经有几个年头了,可看起来还跟新的一样。她的父母偶尔仍会缠着她问:"为什么不在你的桌子上学习?我们花了那么大力气才给你准备好的!"

可是,米丽娅姆只要坐在她那"最适合学习"的办公椅上就觉得无聊透了。她犯困、爱发脾气,坐在那把对脊椎有益的办公椅里总是烦躁地扭来扭去。

但如果在厨房的餐桌上学习,她就感觉新鲜、清醒,而且接受能力也很强。在那儿她很享受,终于不用一个人待在房间里。

你是怎样的呢？

要想学习进度快，学习场所必须让你感觉舒服。认真想一下，如果你坐在熟悉的位置上学习，你的愉悦程度有何变化？

有些人喜欢一个人学习。他们需要在一个安静的角落才能集中注意力。各种各样的噪音都会打断他们的思路，惹他们生气。如果下面的说法适合你，那么你就属于这类人。

★ "你们必须那么大声吗？我想安安静静地学习！"

★ "如果我要集中注意力，背景音乐绝对会让我分神。"

★ "你们总是在我房间里踢踢踏踏地干什么？我要做作业，你们总是打断我的思路！"

我，斯蒂芬妮[①]，就属于这类人。如果我想要集中注意力，家里最好只有我一个人。一条柔软的毯子、一杯热气腾腾的咖啡和安静的环境就是我学习时所需要的一切。

---

① 指本书的作者斯蒂芬妮·里茨勒。

另外一些人不喜欢太安静。如果让他们回自己房间学习或者做作业，他们感觉就像被关起来一样。在寂静的小房间里他们感到烦躁不安，总是时不时地站起来或者做点其他事。我们观察这种人，经常能看到他们在做傻事，其实就是想让自己忙起来。他们走向冰箱五次，打开门，往里看一看，再关上（根本没拿出任何东西）；他们强迫性地每三分钟就看一下手机，希望有消息进来。在外人看来，他们就像是马戏团里的动物，在狭窄的笼子里转来转去。

我，法比安[①]，就是这样。我只是很长时间都不愿意承认罢了。大学毕业后我租了一间办公室，装饰得很漂亮，却整天待在大楼的咖啡厅里写作。我在咖啡厅里能更好地集中注意力。在安静的办公室里我总爱呆望着窗外，人也变得很迟钝，还要与瞌睡做斗争。

给自己一周的时间，测试不同的学习场所：你的房间、厨房、客厅、花园长椅上；抑或是公园、图书馆、学校餐厅里。

请问，你在不同的学习场所：感觉愉快的程度如何？注意力集中的程度如何？

请填写下表：

---

① 指本书的另一位作者法比安·格罗利蒙德。

我尝试过在这些地方学习	我感觉愉快的程度	我注意力集中的程度
	☐ ☐ ☐ ☐ ☐	☐ ☐ ☐ ☐ ☐
	☐ ☐ ☐ ☐ ☐	☐ ☐ ☐ ☐ ☐
	☐ ☐ ☐ ☐ ☐	☐ ☐ ☐ ☐ ☐
	☐ ☐ ☐ ☐ ☐	☐ ☐ ☐ ☐ ☐

你最理想的两个学习场所是:

_____

_____

_____

▩ "现在关掉音乐！"

大部分父母都认为，音乐根本无法让孩子集中注意力学习。这个判断并不准确。音乐有可能影响你学习，也有可能帮助你学习，这与你是什么类型的人有关！科学家们甚至做过相关的研究，结果令人难以置信：对那些通常难以集中注意力的学生来说，音乐可以帮助他们更好地学习。所以，你可以试一次，看看边开着音乐边学习会发生什么。

现在我们一起来看几个例子，以下几位同学做过这种尝试。

★ 斯文妮娅（15岁）说："我以前做作业时父母从来不许我听音乐，现在不一样了。我最喜欢在学习时放乐器音乐，声音很小，把它当做背景音乐，这对我有帮助。"

★ 艾伦（14岁）讲道："我先是尝试听收音机，可我总得换台，因为有的歌很讨厌。现在我自己做了一个播放歌单。有意思的是，播放到了第二或第三首歌曲之后，我几乎意识不到在播什么歌了。"

★ 艾玛（16岁）注意到："正是那些我最喜欢听的歌曲和乐队总让我分神。我老想跟着唱，所以会注意听歌词，妨碍我学习。学习时听音乐，我想，不适合我。"

下面几点对大部分青少年都比较重要：

★ 母语歌由于容易让人跟唱反而让人分神。这样会影响专注力。

★ 如果你听了几分钟之后就能自动屏蔽,而且根本意识不到它,那就是适合你的音乐。

★ 播放声音不应太高——要不然就会"听"不到自己学习的思绪了。

★ 制作一个学习音乐播放清单。学习时总是听同样的音乐,可以帮你尽快进入学习状态。时间长了,大脑就"明白":音乐响了,我就该学习了。

要诚实地认识自己:学习时听音乐并不是对每个人都适合。虽然很多人喜欢听音乐,可是对他们的学习并没有帮助。

你呢？你学习时听音乐感觉如何？你知道哪种音乐对你有帮助？如果还没有，那就抽出一周时间，用不同的音乐做测试，然后写下它们的优缺点。

我学习时听音乐，效果如下：

_____

_____

_____

_____

假如尝试后效果不错，那你最好马上制作一个学习音乐播放清单。也许试验后发现，你需要安静。那就找一个没人能打搅到你的地方，或者用耳塞来屏蔽那些在一旁吵闹的兄弟或姐妹。

关于这个技巧我们制作了一个短视频：
学徒岗位面临不保的危险

不要给学习增加不必要的负担

看到以下内容，你可能会不停地翻白眼、抱怨，因为现在要说的，正是你不想听的。

对，手机会让你分神。

我们知道：你需要手机以便在班级群里交流作业，或者上网查找信息。喊！都是胡说八道。也许你的父母相信——我们才不信。

你说呢？

现在请仔细想一想，哪些情况下手机和网络可以帮你更快地完成作业或者较快地学习？

学习时看手机和群聊是否对我有帮助：

从没有	有时	经常	总是
☐	☐	☐	☐

我禁不住诱惑去浏览那些好玩儿的网页，看搞笑视频，查看图片和信息，或者密切关注同班同学：

从没有	有时	经常	总是
☐	☐	☐	☐

答案很明显。

每次你看手机或者上网，都得耗费不必要的能量，把注意力从手机上拉回来。此外，每瞄一次手机或 iPad 之后，你都需要好几分钟，然后才能真正全神贯注地学习。

你想拥有更多的课余时间吗？你希望学习进展快吗？那我们就邀请你来做个小试验：

1. 用三天的时间，在考前复习时或者做作业时，有意识地把手机关机。（万一你从没用过关机键，告诉你吧，它一般都在手机的侧面）

2. 下面开始吧，连续不间断地学习30或40分钟。

3. 然后问问自己，学会了多少；没有手机的陪伴，学习时感觉如何。

也许你发现，你已经很依赖你的智能手机，甚至关机仅半个小时就感到浑身不自在。

至少我，法比安，是这样。每次我关掉手机，最多5分钟，我的手就像被遥控了一样去摸裤兜，把这东西拿出来看一下。然后想到："啊，我把手机关了"——几分钟之后，我又重复同样的过程。多可怜！我希望，你控制得比我好。

也许经过这三天的试验，你会注意到，学习时关掉手机可以赢得更多的空闲时间，而且作业也变得容易做了。

"可是我需要班级群聊！真的！"

如果真的，真的没有其他办法了（真的没有吗？），那至少不要每两分钟就去查看一下手机消息。可以试试，不看手机，学习45分钟，然后再查看班级群聊消息15分钟，获取那些最重要的信息。

016 聪明学习——与时间和智力无关的奇妙方法

托马斯：
真烦人！
毫无进展。

瑟琳娜：
我现在去逛街！
谁还去？

芭芭拉：

真的，妈妈，我做作业需要班级群聊！

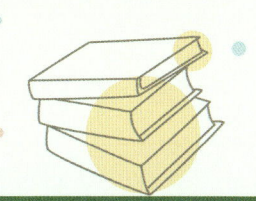

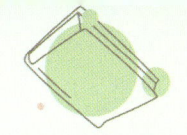

记忆的窍门：让大脑开足马力

这一章我们将学习认识大脑。你将知道自己的大脑是如何工作的，以及用哪些技巧可以让它提高工作效率。开始前，让我们先热热身。你有没有兴趣做个小实验？试着阅读下面这段话：

我们的脑大真的常非聪明。所以们我可以解理篇一文章，只要第一个和后最一个字是确正的就够足了，你乎几可以无毫题问地读阅它。

你看，你的大脑拥有不可思议的能力。它竟然能读懂一篇字序混乱的文章。

可惜我们的大脑虽然能力超常，但是也很任性。它可以轻松地记住你最喜欢看的连续剧中那些毫无意义的对话。可是当你准备复习参加法语考试[①]时，它却非常顽固、弃你于不顾，总记不住考试的内容。其实可以对你的大脑友好点，了解大脑的怪脾气，你和你的大脑将成为最佳组合！准备好了吗？开始吧！

大脑从外表看起来像一个核桃仁，摸起来像一只剥了皮的水煮蛋。成年人的大脑重约1.4千克。现在我们从不同的方向仔细观察它一下：

---

① 译者注：法语是瑞士四种官方语言之一。例如，伯尔尼州大部分学校用德语授课，小学三年级开始学法语，五年级开始学英语。

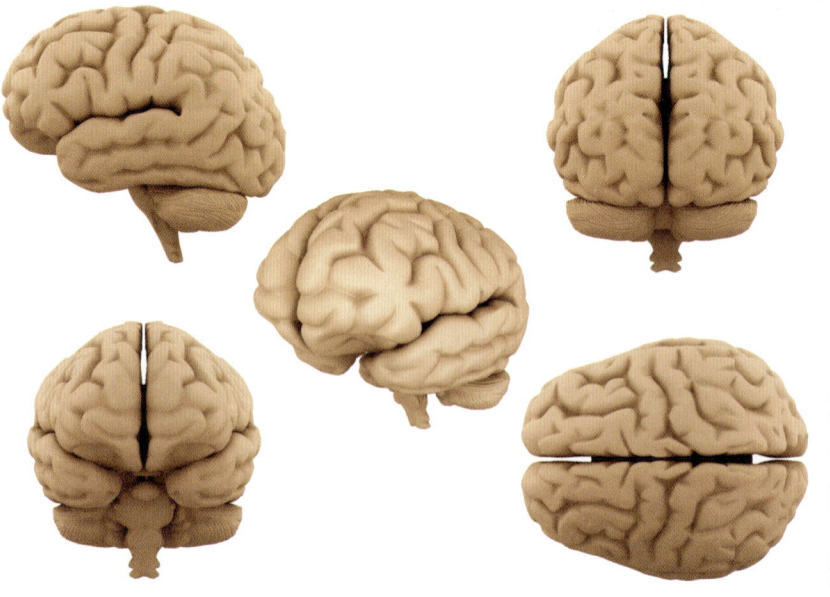

大脑是由1000多亿个神经细胞组成的。这些神经细胞也叫"神经元"，它们相互连接，就好像一张织得紧密的渔网。下页这张图是一个单独的神经细胞。

　　每个单独的神经细胞都可以像电灯开关一样被打开或关闭。如果在某个瞬间看到大脑内部的话，我们会看到一幅特定的图案。组成这幅特定图案的几组神经细胞被称做神经网，会闪烁，而其他的神经细胞却没有动静。下面就很有意思了：如果你明天早上准确地回想这一瞬间，你

记忆的窍门：让大脑开足马力

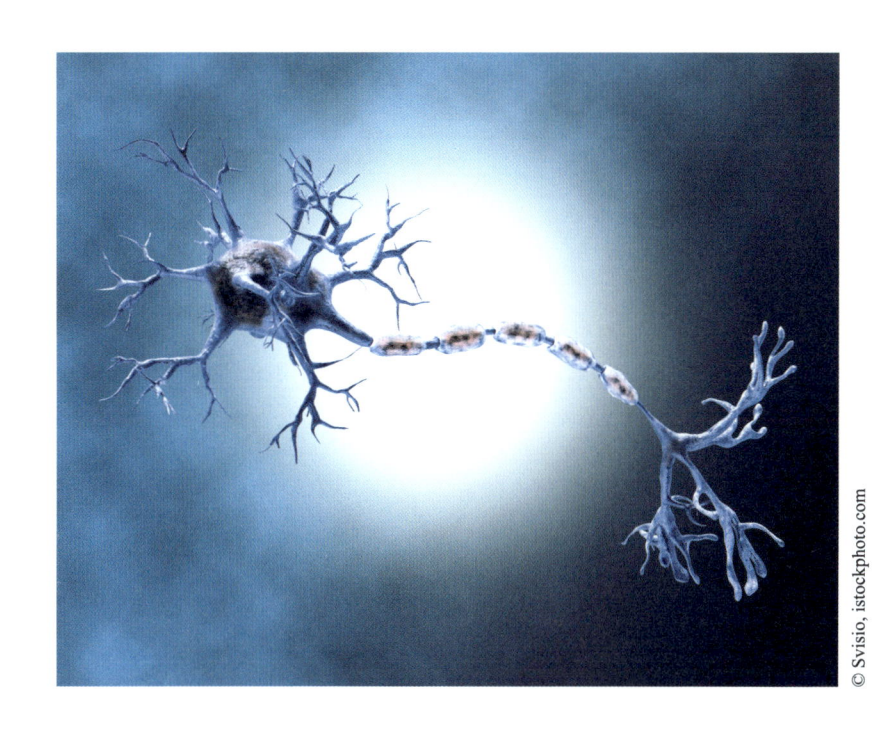

的大脑里会再次出现同样的图案。也就是说，那些闪烁的神经细胞组成的特定图案，代表某种特定的回忆。你能回忆起来的一切东西，大脑都会出现相应的图案，不论是你最喜欢的歌曲旋律、你上次过生日吃的蛋糕、刚割过的草的新鲜味道、乘法口诀，还是英语单词等。

如果给大脑一点电脉冲，我们甚至可以让大脑去思考特定的问题。注意，下面这段文字不适用于神经衰弱的人——如果你觉得有点恶心，那就跳过去不看好了。

简单地看看大脑

外科医生怀尔德·潘菲尔德[①]和他的医疗小组从1928年到1947年对一些患有严重痉挛的病人进行了一系列的脑部手术。为了准确知道需要在哪里断开神经组织，他们先打开病人的头盖骨，然后在大脑中植入很细的"电线"，通过这些电线可以给大脑输入微弱的电脉冲。虽然病人在整个过程中都保持清醒，但他们却感觉不到电击的疼痛。这些电脉冲可以激活或者关闭大脑里的部分神经网，这就使得病人可以思考、看见、听见或者述说特定的事物，或者只是让他的左腿抽搐。一个病人说："我看见一颗星星掉到我的鼻尖上。"而另一个病人却以为手术室里有一台收音机，因为她突然听到了音乐。

医生也因此得知，大脑的哪些区域主导运动和其他功能。

通过这种方式，医疗小组确定手术不会造成较大的损伤。人们可以——只是理论上讲——在你的大脑里"插入几根电线"，然后输入微弱的电脉冲让你闻到草地的味道；或许将来有可能，用这种方法让你复习法语单词——那一定很贵，好像也有点让人想吐。

---

① 译者注：加拿大籍美裔神经外科医生。

如果神经细胞同时被激活，它们就会相互连接，这样就建立起了相关内容的记忆网——

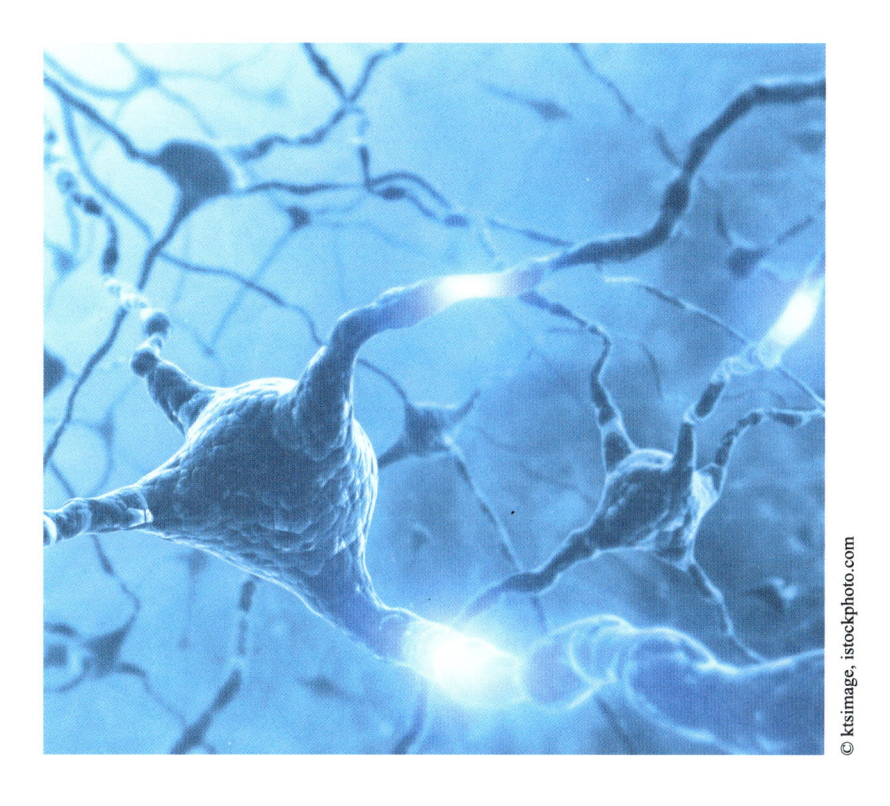

学习也就意味着建立或者重建这些神经网。

你的大脑每天都在自主地重建。当你读完这本书后，你的大脑就跟以前有点不一样了。很酷，不是吗？

根据你给大脑输入什么以及怎么输入，神经网会发生相应的变化。

也就是说，你想在五年后带着怎样的大脑到处走动，现在的你还是很有发言权的。

现在你初步了解了大脑是怎样记忆的，但我们还想再深入一点。你肯定已经发现，有些东西你的大脑很快就能记住，而有些东西却不行。

❖ 大脑中的生存大师

我们的大脑是在数十万年的进化中形成的——在学校出现以前很久就有了。在这个进化过程中，大脑的任务就是保障人类的生存。大脑必须学习，尽可能记住所有与这个目的相关的东西。

为此，大自然给我们"装备"了感知能力。感知可以提醒大脑，重点应该记住什么。我们的祖先找到食物后特别高兴，他们的大脑就会保存这个记忆，确保在很长时间后还能记起找到食物的这个地方，并再次找到这里。如果碰到一头凶猛的野兽，他们感到十分害怕，大脑瞬间就会保存一切和这头野兽有关的东西——它的外貌、气味、发出的声音以及留下的印迹。这些知识能帮助我们的祖先，未来绕开这种猛兽或者为它布下陷阱。如果吃到腐烂或有毒的东西，他们会恶心，不舒服，大脑就会保存这个记忆，确保以后仅仅看到或闻到这种食物，就会产生恶心的感觉，以便不再犯同样的错误。

我们的大脑今天仍然以这样的方式工作。它会注意到一切

★ 新的东西。

★ 与感觉相关的东西。

★ 以及看起来对自己重要的东西。

也许你会想:"哎呦,多谢,可我在学校要学那么多东西,既对我的生存没帮助,也和感觉无关,更不重要。就算是学到我看见书就恶心的程度,我也记不住。"

你说得对——但只对了一部分。你能记住多少,与你怎样运用你的大脑有很大的关系。

如果你对大脑说:"噗!无聊透了!讨厌死了!这些垃圾我这辈子都用不着!"这就相当于你关闭了大脑的记忆开关。你给了大脑这样一个信号:"请不要记住——这只是浪费精力。"

你肯定有过这种经历,你花了很长时间看一篇课文,可就是什么也没记住。仔细想一下,如果你给大脑发出诸如"噗!枯燥极了!"或者"我为什么要记住这个,这东西没人会用!"这类关闭指令时,是不是就会出现这种情况?

相反,如果你能让大脑明白,这些内容对你的生命至关重要,那它就很乐意建立起记忆网。本书就是要教你该怎样做。但首先我们想告诉你,人类大脑的能力可以达到何种程度。

数字魔术师

英国人丹尼尔·谭米特[1]赢得了无数的大师赛。他心算复杂算式的速度比计算器都快,而且他能背诵圆周率π到小数点后22000多位。仅背诵这些数字就需要5个多小时。

现在你也许要问:这世上为什么会有人自愿背诵这个东西?

对于谭米特而言,这些数字并非简单的数字。他从中看到了朋友、伴侣和生活助手。而且他深深地喜爱π。提到数字,他感觉它们都是有个性的实体:"4害羞而安静,117高而瘦,87让我想起飘落的雪花。"[2]

要是解一个复杂的算式,他就想象自己走在五彩缤纷的数字旷野中,穿过由颜色和图形组成的河流。

对像丹尼尔·谭米特这类人来说,数字与强烈的情感紧密相连。这样他们就下意识地给大脑发出了任务指令——记住一切与此相关的东西。

如果你总是给大脑发出诸如"不管怎么说,数学都很烦人!"的关闭指令,那你根本不必开始学习。

你可以通过把学习内容变得有趣,来启动"学习发动机"。有时你

---

[1] 译者注:一位拥有超常智力的自闭症学者。
[2] 译者注:这是谭米特个人对数字的联想。

只需要轻轻地对自己说:"注意,这个很重要。你一定得记住!"就足够了。

你也可以问问自己:"让我对这个感兴趣的是什么?记住这些内容对我有什么用?我学的这些东西跟我有什么关系?"如果你找到了这些问题的答案,就能激发大脑中那些灰色细胞,来吸收这些知识。

怎样才能做到对你讨厌的功课也能打开大脑的"吸收"开关，请看第150页的《学习毫无动力？你可以巧妙地赶走内心的懒虫！》。

因此，第一个记忆法则就是

> 如果想记住什么，那你就得"说服"大脑：这个知识对你很重要，而且很有意思。

丹尼尔·谭米特对数字的记忆是个特例。对大部分人和他们的大脑来说，想记住比如年代或数学公式什么的，意味着要付出辛勤的努力，与"五彩缤纷的数字旷野"和"害羞的4"什么的一点儿关系都没有。

如果记不住学习内容，你就必须不断地复习。同时，如果你能聪明地学习，并对大脑做出"让步"，就会减少很多困惑和麻烦。

让你的神经细胞茁壮发芽

我们说过，如果神经细胞同时被激活，它们就会相互连接。如果你被迫学习，而你的大脑却难以接受，那这些神经细胞间起初仅有微弱的连接。为了达到长期记忆的目的，你必须通过训练和复习来加强它们之间的连接。

举个例子，马上要考历史了，你必须往脑袋里塞那些干巴巴的年代知识。目前你们正在学习罗马大帝盖乌斯·尤利乌斯·恺撒[①]。根据学习大纲的要求,你必须记住他一生的几个重要阶段及其年代。你现在想记住他于公元前44年被谋杀。如果你一边想着凯撒的死亡,一边读出"公元前44年",那你的大脑里就建立了微弱的连接——代表"凯撒被谋杀"的神经网和代表数字"公元前44年"的神经网同时闪烁并相互连接在一起。下图中你可以看到一组突触(右侧为杯状的突触小体),神经细胞通过突触相互连接。

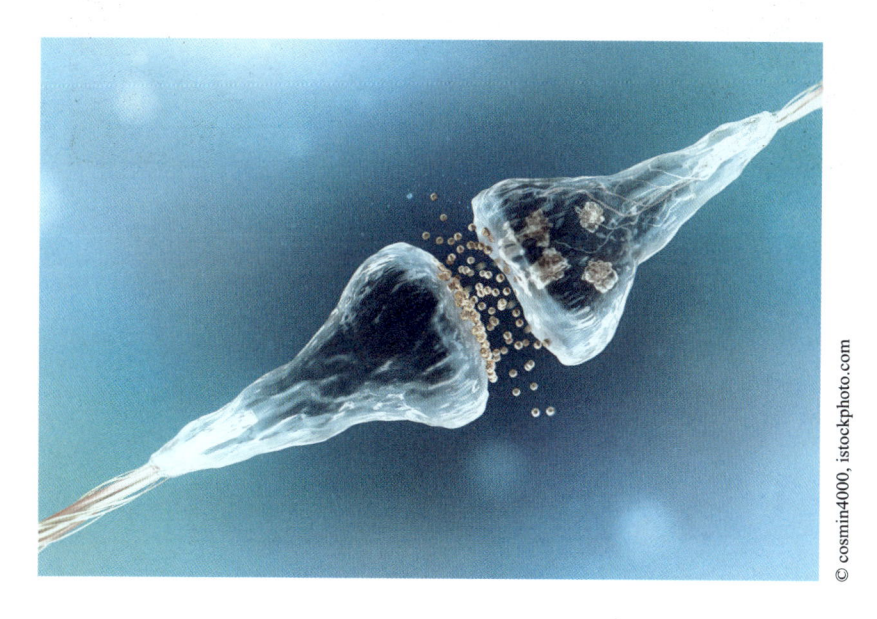

这个组合你重复得越多,它们之间的连接就越牢固——因为越来越多的突触会形成并交织在一起。

---

① 译者注:史称恺撒大帝,罗马帝国的奠基者。

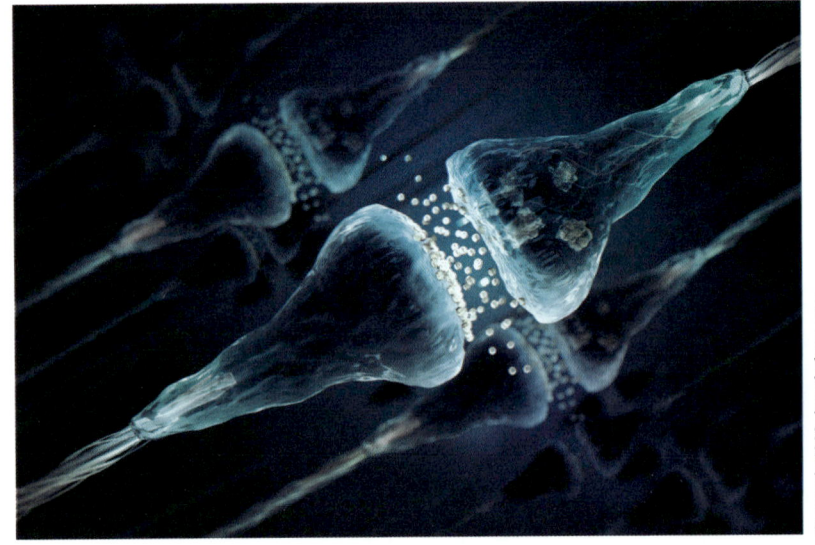

也许你已经注意到了那些从突触小体涌出的小泡。

大脑里的神经细胞可以借助这些小泡传递信息，我们也把它们称为"神经递质"。举个例子，你想回忆起恺撒是哪一年死的，现在就有微弱的电脉冲被传送到"恺撒"神经网中。这些电脉冲可以让神经细胞释放出神经递质。当有足够的神经递质涌出，代表"恺撒被谋杀"和代表"公元前44年"的那些神经细胞被连接，你就能想起来了。

总结一下，通过复习可以让你大脑里的神经网更坚固，突触小体释放出更多的神经递质与其他神经细胞接触而形成突触。这样，你的神经细胞就可以更好地"相互交流"。结果就是你可以更长时间地记住这些知识点，并能在将来再想起它们。

想象一下，学习时大脑里一条条的新"路"是怎样形成的？刚开始从"凯撒被谋杀"到"公元前44年"之间只有一条很窄的羊肠小路。你得绞尽脑汁地想：他到底是哪一年死的？

你越经常地复习——"凯撒被谋杀，公元前44年""凯撒被谋杀，公元前44年"——你大脑里的道路就越宽广。羊肠小路通过复习慢慢变成了高速路。这样一条"大脑高速路"有很多好处！

那些经常复习的东西

★ 我们记住的时间更长。（高速路不会像羊肠小路那么快就长满杂草）

★ 我们不用太费劲就能明白。（高速路比羊肠小路平坦宽阔得多，信息可以更快地交流）

★ 即便在考试紧张的时候，我们也能想起来。（高速路有多条车道，所以不堵车）

就这样，即使有点难度的作业也能比较轻松地完成。所以，那些你"其实已经知道"的东西，也值得你再去看看。这会让你的"大脑高速路"更坚固、更安全。如果你想知道怎样着手复习，怎样才能把复习安排得丰富多彩，可以阅读第84页的《这样你轻而易举就能成为外语能手》。

030　聪明学习——与时间和智力无关的奇妙方法

最后
一个岔道
044

因此，第二个记忆法则就是

　　如果想记住什么，那你就必须复习。每复习一次，你的大脑里的连接就更牢固。

你现在是不是被这些关于复习的废话搞得有点不耐烦了？也许你曾经有过这样的经历，笔记看了好几遍或者单词看了好几遍，可结果还是几乎什么都没记住？

如果你因此认为复习无用，那毫不奇怪。

或许你只是在复习时忘了打开你的大脑"开关"？

"有意义地"学习

如果你想用较短的时间学习，并取得较大的收获，那你应该让整个大脑充分地活跃起来。

请看下页这幅图。

这张图告诉你，你的大脑拥有不同的区域，分别参与视觉、听觉、说话或书写等。学习时应当尽可能让多个中枢闪烁。你运用的感官越多，处理的知识越富于变化，相关知识的高速路网就越密集。它所带来的优点是：你可以轻松地回忆起来。

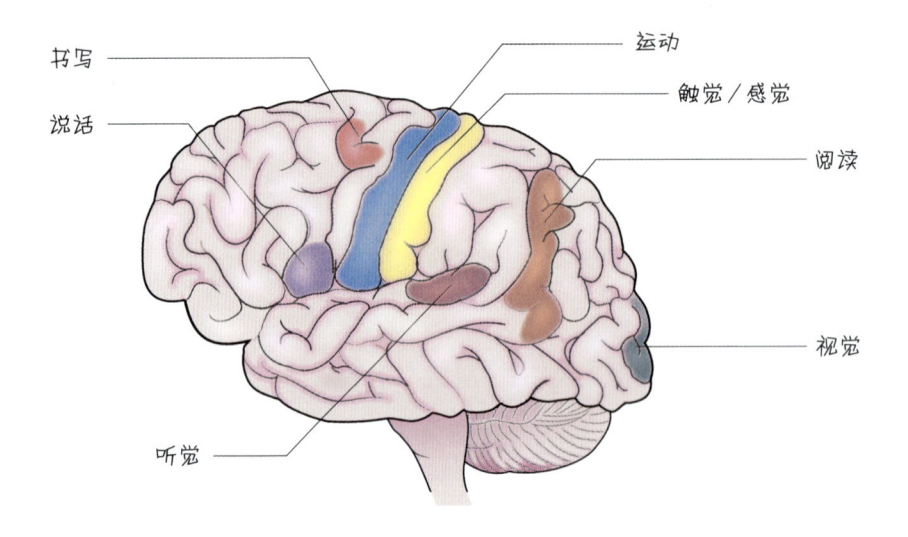

书写 — 运动
说话 — 触觉/感觉
阅读
视觉
听觉

怎样做到这一点呢？

不要反复看笔记，你可以

★ 看完笔记之后把内容想象成电影。

★ 给别人讲一下你都读了什么。

★ 重要的知识点用手机录下来，然后放给自己听。

本书中的学习窍门能帮助你充分利用你的大脑。如果你愿意，可以直接跳到第66页的《这样攻下繁难的课文：阅读、理解、总结、取胜！》。这一章会告诉你，怎样才能迅速、准确地记住又长又复杂的课文。

现在来看记忆法则三

如果想保持长期记忆，就必须在学习时尽量使用各种通道（听、说、读、写），并把学习内容想象成图片。

有些人认为，存在所谓的学习类型，也就是说，每个人都有自己"最喜欢的通道"。例如有人可以通过眼睛或者耳朵，取得最大的收获。但世界各地的研究人员已达成共识，学习类型的说法是没有依据的。

不应只使用某一种通道，而是应该尽量积极地通过各种途径学习。

会休息的人才能更高效地学习

没想到吧？放松是有助于健康的！在学习和工作时，你的大脑必须非常努力。大脑这样辛勤地工作，会消耗很多能量（燃烧葡萄糖）。不知什么时候葡萄糖用完了，这时你学习的速度就减慢了，开始打哈欠，也记不住东西了；或者做数学难题时卡在那里了。你的大脑需要休息，以便补充能量。

大脑工作多久会疲劳，跟你做什么也有关。如果你对某样东西感兴趣，大脑工作就能持久些。如果这东西很难或者很无聊，而你需要很强的意志力才能继续下去，那你的大脑很快就会疲劳。所以说，总是连续学习或工作很长时间，是不明智的。大脑工作多久就应该休息一下呢？请看下面的表格：

我的年纪	连续集中注意力的大约时间
11～12岁	25分钟
13～15岁	30分钟
16～18岁	35～40分钟

这只是一个参考，因为这个时间很大程度上取决于你的基本专注力有多好，以及你学的是什么内容。

比如我们，斯蒂芬妮和法比安，就发现，当我们学习词汇时，10～15分钟就需要休息一下；相反，如果我们想记住心理学书本里的内容，可以连续学习60分钟也没有问题。

不论你学什么，下面的秘诀很重要：

在感觉疲劳之前，就停下来休息！

因为你的大脑能感觉到，你做的事情是艰难的还是令人愉悦的。如果你在感到疲劳之后才中断学习，你的大脑就会记住：

"学习太辛苦，太费力！以后别再让它来烦我！"

你需要过很长时间才能重新精力充沛，然而，或许这时你已经没有兴致再学习了。

聪明的学霸会在他们感到疲劳之前就休息一下。那样他们的大脑就会储存这样的信息：

"嗨，还不错啊。我可以完成它！我还有精力！"

这样一来，他们在这段学习间歇期间很快就休息好了，而且还更想继续学习下去。这个方法当然也适用于本书——时不时地把书放到一边休息一下，你的大脑会"感谢"你的！

尝试不同的学习时间，然后安排学习间歇。用表中的时间值做试验，然后把学习时间延长或者缩短5分钟，看看效果如何。

每学完一部分，就让自己享受一个3～5分钟的学习间歇。在学习间歇期试试这样做：

★ 躺在地上眯一会儿。

★ 安安静静地听一首你喜欢的歌曲。

★ 喂一下宠物。

★ 稍微活动一下筋骨。

休息并不是浪费时间——虽然很多成年人会这样认为。如果你学习时有规律地安排间歇，你甚至可以完成得更快，因为你的大脑在休息过后接受能力更强。这样你就可以从两个记忆效应中受益——我们在学习时，最容易记住开头和结尾，比如生词表的第一个和最后一个单词。研究人员也称之为"首因效应"和"近因效应"。现在设想一下，你每学四个单词后就短暂地休息一下。

如果把每四个单词作为一组，你会更容易记住第一个和最后一个单词。所以，虽然学习期间有很多次学习间歇，可总体来说，相比没有学习间歇，你会记得更快更好。

窍门：你可以定个闹铃来提醒自己及时休息一下。

学习间歇甚至能帮你解决复杂的数学题。怎么做？欲知详情，请参阅第105页的《你怎样才能驯服数学怪兽》。

停！ 当你合上书准备玩游戏机、看电视或手机放松大脑时，请接受这一警告。研究人员发现，学习完后直接看电视或玩电脑游戏会影响大脑中的高速路"建设"。所以，最好在学习完30到60分钟后再开始玩游戏——你肯定不想在不经意间按到大脑里的"删除键"，对吧？

给大脑一点变化

我们知道，大脑可以在短暂的休息时间里恢复能量。如果你在学习间歇之后学习不同的科目，你就可以从这一效应中受益。根据你学习的功课不同，你需要使用大脑中的某一部分神经网，这样其他静止的区域就有机会休整——就和你用左右手轮换着提重包是一样的道理。比如，复习生词不要连续半小时不间断，可以把它们分成三部分，每次10分钟，并且把它们穿插在其他作业中完成。

如果你想给大脑带来一点变化，你可以

★ 在不同的地方学习。

★ 类似的科目，如英语和法语，<u>不要放在一起学习</u>。

★ 书面作业（如数学）和口头练习（如背生词）交替进行。

为什么睡觉也能帮助学习

你能想象大脑在你睡眠时还在继续学习吗？你能想象你在睡觉时也可以给大脑布置一项任务吗？这听起来很不可思议，但却是事实！

这是由德国吕贝克大学的科学家们发现的。他们让两组大学生背诵单词，背完后直接去睡觉。区别是他们告知其中一组学生，第二天要考生词。虽然两组学生在睡觉期间都不允许再看单词，可被告知考生词的这一组在第二天的考试中成绩较好。

你也许会问，这怎么可能呢？

人在睡觉的时候，大脑并没有休息，它还在继续整理信息。由于这时没有新信息的干扰，大脑就利用这个时间把学过的东西进行分类。

而且大脑能巩固那些还需要复习的东西。睡眠期间大脑好似悄悄地把那些学过的内容又快速播放了一遍，那些学习时使用的神经网就同样又"闪烁"了一次。

如果你在睡觉前把重要的内容再重复一遍，并对自己说："这些内容我明天还想知道！"那你就能从这个效应中获取最大的收益。

萨满塔睡觉时，大脑还在继续轻松地学习。

即使学习后只是打个10～15分钟的小盹儿,也可以让你的大脑又继续开足马力工作。

记忆法则四

工作时间越长,效率反而越低。安排短暂的学习间歇,打个盹儿并保证有充足的睡眠,可以让你事半功倍。

动来动去会变聪明

你知道吗?运动对于大脑来说就像是一种兴奋剂。

如果你在学习前或学习过程中活动一下,大脑的血液循环会更好,接受能力也更强;同时,会生成一种蛋白质。这种蛋白质有个有趣的名字叫"脑源性神经营养因子",能快速修复"大脑高速路",并让它快速拓宽延长。

你可以骑自行车从学校回家;学习间歇时做几个肌肉动作练习;或者跳跳绳、蹦蹦床来增强自己的活力,这样你马上又会感到精力充沛,可以再继续学习啦。

记忆法则五

运动是很好的学习助动器。充分利用学习间歇活动一下，能让你的大脑继续积极主动地学习。即便是在艰难的考试期间也不要放弃运动。

测试：这样我就能更快、更好地学习

你现在知道大脑的使用方法了吗？回答下列问题，检验一下你掌握的知识。从下列选项中选出哪个说法是对的。每道题可能有多个正确答案。把相应的字母填到下面的答案处。

1. 为了更好地集中注意力，我应该

   Ⓓ 所有的作业都坐在写字台前完成。

   Ⓗ 自己试一试，在哪里学习最好。

   Ⓘ 如果坐立不安，我就站起来或者活动一下。

   Ⓤ 学习时听流行音乐或说唱音乐。最主要的是歌曲和我的作业是同一种语言，这样我就可以大声跟唱。

   Ⓛ 万一姐妹们、收音机或电视太吵，我就用耳塞。

2. 为了让大脑更好地工作，我应该

   Ⓜ 所有的作业一次完成。

   Ⓔ 注意不同功课之间的交替。

   Ⓘ 感到疲劳时才休息一下。

测试：这样我就能更快、更好地学习

R 我在感到疲劳之前就停下来休息一下。

3. 为了让大脑更快地记住东西，我应该

T 紧揪着作业不放，并一次做完。
N 把学习内容分成若干小部分。
P 经常复习学习内容（通读、让人提问或做笔记）。
R 最重要的知识点睡觉前再复习一遍。
A 晚上不睡觉，再多学一点儿。
M 学习完之后马上在YouTube上看视频或者看电视。

学习时大脑里会形成新的连接，原先的那些连接也变得更粗壮。这样你就能更好地记住学习内容，也不会忘记得那么快。那你能做些什么来加速大脑里的高速路建设？

4. 我可以聪明地学习，我应该

U 只是读读学习内容，让大脑休息一下。
O 学习时使用多种感官。
T 两门类似的功课连着学习。
F 两门差别大的功课连着学习。
I 有充足的睡眠并定期运动。

答案：___ _____！

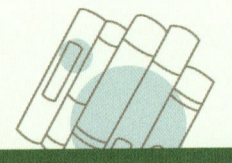

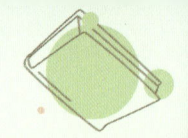

费力少而得分高：考试大获成功

以下这些说法你熟悉吗？

"反正老师总是考那些我不会的东西。"

"我怎么知道什么重要？"

"生物要学的东西实在太多了！"

"我根本不知道，该从哪儿开始学。"

有时你也搞不清，老师考试时到底想从你那里知道什么呢？我们将帮你看穿老师的企图。下面就来找出这些踪迹吧！

怎样找出真正重要的那些内容？

你们班是否有人不太费力考试就能得高分？他并不需要一个超级大脑。也许你还不知道，这样的学生有几个现成的技巧。

想知道是哪些技巧吗？那就请深入地看这本书吧。

莱昂德罗不明白

设想一个箭靶，靶心较小，但如果射中靶心，却能得好多分。外面

上页答案： HI LERNPROFI（嗨 学霸！）

是几个大圈，虽说大圈容易射中，可得的分数却很少。

比如，现在这个箭靶包括所有的考试内容。最重要的内容在中间。老师会想："这些知识我的学生必须都知道——那我肯定得考。"如果你复习这些最重要的内容，那么"一箭下去"就可以得很多分。

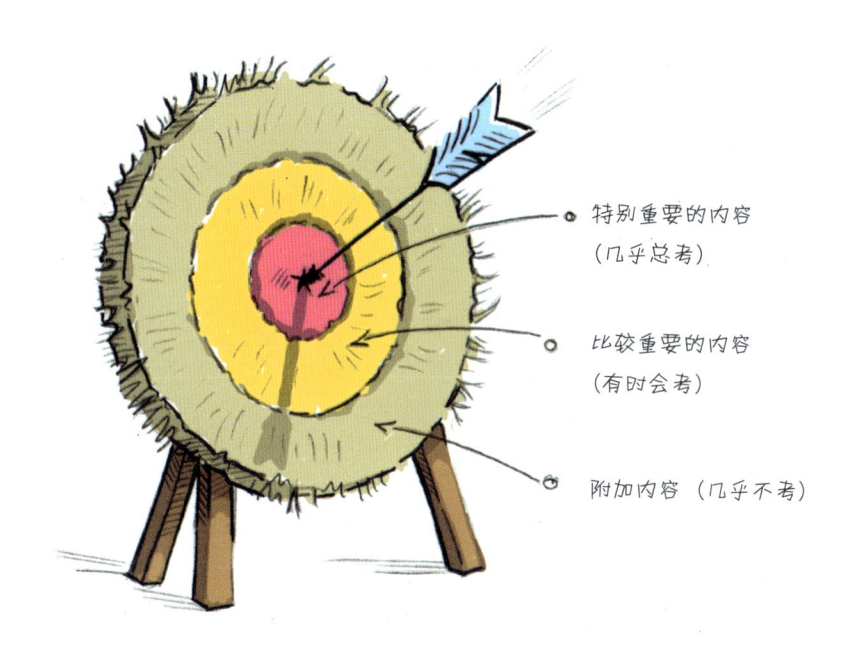

- 特别重要的内容（几乎总考）
- 比较重要的内容（有时会考）
- 附加内容（几乎不考）

然后，还有外圈儿的那些知识，老师认为有趣但不重要。这些内容几乎从来不会出现在考试中。如果你学习这些知识，花同样长的时间却只能得到很少的分数。

有两种可能性可以帮你提高成绩。你可以多放箭，也就是用更多、更长的时间埋头苦读。或者，你从开始就更好地瞄准靶心，即弄明白哪些内容最重要。这样你就能在考试时直接命中靶心，费力少，得分还高。

莱昂德罗在备考时根本不注意箭靶。他开始复习，一章接着一章地读课文，就像蒙着眼睛在房间里乱放箭一样。

你认识到他的问题了吗？莱昂德罗

★ 没意识到，应当注重哪些信息。

★ 在那些不重要的信息上浪费了太多时间。

★ 结果在学习时间不足时感觉压力很大。

这并不奇怪，他总是处于紧张状态，他疯狂地埋头苦读，可还是成绩不佳。

聪明的学生会提前思考一下，什么对他们瞄准靶心有帮助，然后射出几箭直接命中靶心。

萨穆埃在备考时问自己的第一个问题是

★ 学习大纲上有什么？我最终要知道并掌握的是什么？

你务必在复习开始前就使用学习大纲。它可以帮你有效地安排复习计划，并为你节省时间。问问自己：我必须学什么以及怎么学，才能达到目标？

你也可以让别人针对学习大纲向你提问。比如你刚读完生物的一页，就想一下："这一页有没有学习大纲上的内容？我能回答吗？"

你不相信学习大纲？

或许你也像芬恩一样不相信学习大纲。芬恩一点都不重视历史课的学习大纲。他对好友萨穆埃说："老师反正不会考学习大纲里的内容。要是那样就太简单了。她是想用学习大纲蒙我们。"

萨穆埃却不这么认为："这我不信。她人挺好的。她肯定是想让我们知道，什么是真正重要的。我会重点复习学习大纲里的内容。"

几周后他们俩都领回了批改后的试卷。萨穆埃成绩不错，他很高兴。芬恩却很恼火。萨穆埃还是没忍住，对芬恩说："你比较一下学习大纲和考试题。我就说过，那人挺公平的。"

虽然芬恩生了一阵子气——但下一次考试时他很高兴，因为可以信任学习大纲啦。

在辅导学习的过程中我们总是能碰到一些学生，他们认为老师总爱出一些刻薄的试题，反正不会按学习大纲出题。遇到这种学生，我们会把老师以往的试题及其相应的学习大纲做比较，看到两者十分吻合，这些学生往往很吃惊。当然考试结果不佳总还存在其他更深层的问题——但是，如果他们重视了学习大纲，大部分同学的成绩还是能提高很多的。

假如你还是不相信，那就把最近的三四份试题与其相应的大纲做个比较吧。

我没发学习大纲！

并不是所有的老师都会发学习大纲。有些老师期待学生能自己辨别什么内容更重要。你可以在课堂上、学习资料和以往的试卷中找到线索。你也许无法将各种技巧用在所有的课程上，也没有必要。每个单独的技巧都可以帮你在考前复习中找出学习的优先顺序。

让我们详细地分析一下。

仔细观察你的老师

每个老师都有自己的风格，他们会觉得某一部分内容尤其重要。

如果你想在考试时直接命中黑色靶心，想费力较少而收获较大，那你就应该注意老师释放出的这些大大小小的"信号"：

★ 从老师的身体语言中可以找到很好的线索。比如，当他们在讲某些特定的内容时，眼中会有那种沉思的目光吗？或者当你发现他们面红耳赤地大声向你们解释那些"你们真的应该知道的东西"，那你就能肯定：这就是要考的内容。

- ★ 上课的时候注意观察，哪些内容是老师重点强调的。马上用荧光笔涂下来或者在页边空白处标注一个"！"。

- ★ 在考前最后一节复习课上，认真听讲并做好笔记。老师们在这节课中一般都会给出大部分线索，你一定要注意。

- ★ 备考之前想一下，上课时都详细讲过哪些内容——这一般都是重要的，尤其是老师反复讲的那些内容。

在多数情况下，老师也喜欢有人向他们请教小窍门和解题方法，或者向他们询问什么内容特别重要。

仔细阅读学习材料

作者在编写教材或者老师在做教学资料的时候，也希望你能注意到什么是重要的。为此他们采用了不同的处理方法，他们

- ★ 把特别重要的内容直接放到章节的标题中。
- ★ 用**黑体**、*斜体*或彩色来标注重要的地方和概念。
- ★ 用图形来明确表示其重要性。
- ★ 罗列重点句子并用方框标出。
- ★ 在章节的最后总结出本章的重点。

★ 针对该内容提出问题。

★ ……

书页的排版和标题都在向你暗示，你考前应该重点复习什么。如果你习惯注意这些细节，那么时间长了你就会有很敏锐的洞察力。你可以打开历史或生物书，随便看上两页，立刻就知道这两页大概讲了什么。这样也可以帮助你在第一次阅读的时候就注意到重点内容并记住它们。

剖析过去的试卷

以前学生上生物课的时候，经常要解剖青蛙。学生得用解剖刀小心翼翼地切开青蛙的肚皮，取出内脏并仔细观察。

很庆幸，今天老师们不再采用这种惊悚的教学方法。

但你可以把这种方法用于考试。把试卷分割成几小部分，然后仔细观察它们的结构。

大部分老师都有他们自己的出题方式。让我们以历史这门课为例仔细看一下吧。一些老师注重细节和年代；一些老师认为这些根本不重要，他们更希望学生能理解事件的相互联系，并喜欢在考试中出问答题；另一些老师会给你一张图（例如特定时期的一幅漫画或者油画），然后让你回答相关的问题，他们希望你能运用和借鉴学到的知识；还有一些老师更偏爱从其他著作或期刊中摘一段原文并对此提问。针对不同的出题方式，你需要有不同的备考方法。

以下就是你剖析以前的试卷的过程。

第一步　找到以前的试卷

这个老师已经考过几回试了？太好了！那你手头就能拿到足够的试卷进行分析了。如果之前考过的试卷还得交回去——那就拿出手机，把改正后的试题都拍下来。

奥利维开始了侦探工作……

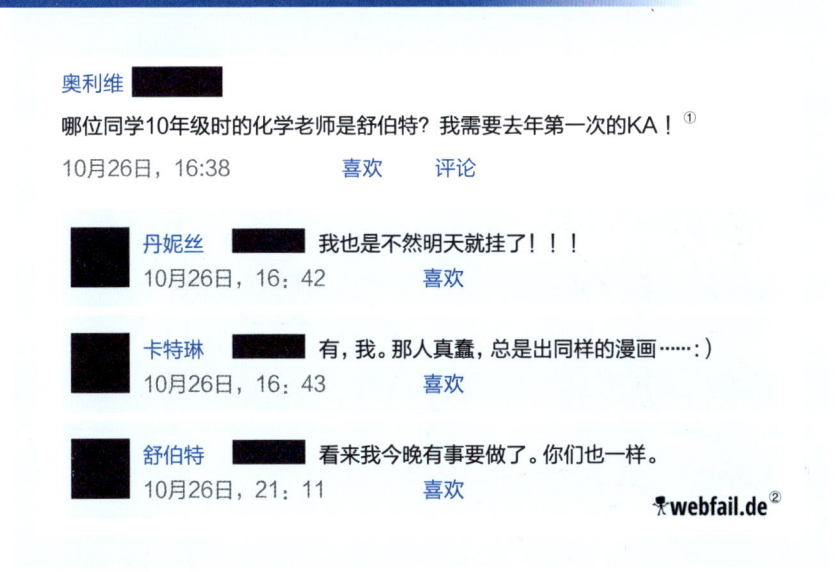

奥利维
哪位同学10年级时的化学老师是舒伯特？我需要去年第一次的KA！①
10月26日，16:38　　　喜欢　　评论

　　丹妮丝　　我也是不然明天就挂了！！！
　　10月26日，16：42　　喜欢

　　卡特琳　　有，我。那人真蠢，总是出同样的漫画……:）
　　10月26日，16：43　　喜欢

　　舒伯特　　看来我今晚有事要做了。你们也一样。
　　10月26日，21：11　　喜欢　　　　webfail.de ②

---

① 译者注：KA 代表课堂作业。
② 译者注：德国一个搞笑视频的网址。

你应该主动去查找过去的试卷。其实老师也愿意提供过去的模拟题，以便你们能更好地准备考试。不行的话，你也可以询问哥哥姐姐、同年级或高一级的同学，某个老师如何出题、某个章节的重点是什么等。

第二步　比较考试题

现在把所有的考试题和模拟试题都平铺在桌子上进行比较。考试内容当然会有所不同，但你总会从中发现它们有共同的结构，从而选择相

应的复习方法。我们来看几个例子。

芭芭拉有一位历史老师特别注重事件之间的联系。历史虽然是芭芭拉的强项，但她前两次考试中成绩都不好。当芭芭拉把这两次考试题放在一起仔细比较时发现：这个老师希望同学们在考试时重现细节，包括人物全名及生卒年代，可芭芭拉以前从不重视这一点。现在她知道了，下回考试时必须认真对待这些细节。

菲力克斯注意到，他的生物老师几乎每次考试都要求同学们画一幅图（比如细胞）并标注名称。他在这儿总是丢好多分。下次考试时他就问自己：这次会考书或笔记里的哪幅图？他尝试凭记忆画出图并做好标注，然后与书中的图做比较，通过这种方法让自己记牢。

　　莉莉安娜又要考德语阅读理解了[①]。虽然她在以往的几次考试之前都把阅读材料通读了两到三遍，也看了笔记，可成绩还是不理想。莉莉安娜仔细观察后发现，她准备得不够聪明。阅读理解中的考试题都很像，但如果只是简单地通读几遍全书，是无法回答完整的。比如，在大部分考试中，都要求学生分析其中一个主要人物的性格，说出书中某个情节的前因后果，并思考作者想借本书说明什么。她发现这些内容他们上课时都很详细地讨论过，而且也记了很多相关的笔记。莉莉安娜现在会花更多的时间来复习课堂资料，而不是只把书多读几遍。

　　现在轮到你了。把某一门课的几份试题并排放好，把下面的空白处补充完整。你可以想一想，也可以把它们写下来。

我的老师尤其注重：

_____

_____

_____

[①] 译者注：德语是瑞士四种官方语言之一，其他三种分别为法语、意大利语及罗曼什语。

经常出现至少一道这类问答题/演算题：

_____

_____

迄今为止从未出现过这类问答题/演算题：

_____

_____

学习——从重要到不重要

学习大纲、过去的考试题、课堂信息以及学习资料都能帮助你，找出下列问题的答案：

1. 哪些是中心内容？
2. 哪些比较重要？
3. 哪些不重要？

向自己问这个问题："如果我只有一点时间来复习考试——那我要学什么？"通常也很有帮助。

想一想本章开始时的箭靶。

复习重点内容能让你花费较少的精力却得到高分。所以，复习的时候应该按照箭靶由内向外的顺序进行。

特别重要的内容
（几乎总考）

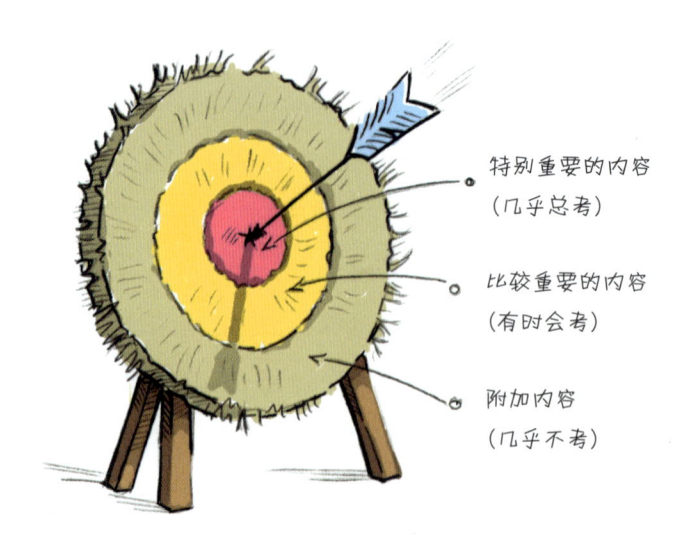

比较重要的内容
（有时会考）

附加内容
（几乎不考）

1. 先从中间的小圈开始，全面透彻地学习这部分内容。

2. 等你把这些最重要的内容都掌握了之后，再看那些较为重要的内容。

3. 如果考前还有时间的话，也可以学学那些附加内容。

这一章也有一个相应的视频：
聪明地准备考试

做到心中有数，而不是乱做计划

有时，你的大脑里就像蜂巢般那样繁忙，数不清的作业在脑海里转来转去。在这种混乱不安的状态下，完全不知道该从哪里开始。

曾经多少次你坐在教室里想："哎呀，这个我随随便便就能记住，不用写下来了！"

回家后你却绞尽脑汁地想：

★ 我们还要做什么来着？

★ 考试到底是什么时候？

如果你要求大脑必须记住太多的作业和日期，大脑就会陷入持续受压的状态。如果你总是感到不安，好像忘了什么重要的东西，那就可以确定正处于这种状态。比如，脑海里常常突然冒出一个"糟了——我还得要……"的想法。或者，晚上躺在床上无法入睡，因为你突然想起还有一个作业没有做。

下面给大家列出几个解决办法。

给大脑减压,把所有的作业任务和日期都写下来!

一旦你把作业任务写下来,大脑就意识到:"好啦,这个信息现在保存好了,肯定丢不了。我现在不必想它了。我终于又有精力做其他事情了!"

试一下吧!只要你把它们都写到纸上,经过双手,这种混乱的状态就会从你的脑袋里走开,你感觉到了吗?

拉拉做到心中有数

拉拉上高中了，每年都有新的课程和更多的作业，还有更多的考试！有时她一周有好几门考试。幸运的是，拉拉知道怎样帮助大脑保持冷静。

新学年刚开始，拉拉就打印出课程表，把它贴在记事本和作业本的前面。她将课程标成一种颜色，把课外活动（排球、乐队排练和童子军活动）标成另一种颜色。拉拉会思考，哪天有多少时间可以用于写作业、复习。她周一和周二活动很满，晚上只能完成第二天必须交的作业，剩余的时间用于休息。

假如你所在的学校没有这种课程表，你可以学习拉拉制作一个：用不同的颜色标注课程、课外活动及自由支配时间。

我们再说回到拉拉：如果哪门课有作业，她会直接写到记事本上。她在考试日期的把握上尤其聪明。拉拉明白，老师之间不会就考试时间相互沟通，所以有时一周有三到四门考试。她不想让自己的时间太紧迫，就采用了下面的技巧：

数学老师弗洛姆上课时通知："下次数学考试是9月27日，也就是三周后的星期二。"

拉拉立刻就把记事本翻到三周后的星期二，9月27日，在这一天用彩笔记下"注意，今天数学考试！"

拉拉一周活动一览表[1]

	星期一	星期二	星期三	星期四	星期五	星期六	星期日
7:40 – 8:30	法语	德语	宗教	英语	数学		
8:30 – 9:15	法语	德语	手工	数学	数学		
9:15 – 10:00	德语	数学	手工	体育	音乐		
10:00 – 10:30	课间活动						
10:30 – 11:15	德语	英语	法语	生物	历史		
11:15 – 12:00	音乐	英语		生物	历史		
12:00 – 14:00	午休						
14:00 – 14:45	数学	美术			地理		
14:45 – 15:00	课间						
15:00 – 15:45	体育	美术			地理		
15:45 – 16:30	放学回家，吃点心						
16:30 – 17:30	排球						
17:30 – 18:30	排球	乐队			童子军活动		
18:30 – 19:30					童子军活动		
19:30后	晚饭，休息						

---

① 译者注：各时段已涵盖课程之间的休息时间。

下一步，她会考虑自己一般需要多长时间复习。她盘算道："OK，9月27日数学考试，这已经写好了！我什么时候开始复习呢？嗯，我想，一周足够了。那就是从星期二，9月20日开始。从这一天开始，我在每一天都标上'数学考试复习'。"

这样一来，拉拉就不会措手不及了。当然并不是每次做完标注之后，她就立刻开始学习。但这样做标注起码可以帮她及时开始复习。当同一天或同一周有好几门考试时，这样做就尤其重要了。也就是说，你需要足够的缓冲时间，并做到心中有数——还需要复习什么。

拉拉的朋友凯恩的做法完全不一样。凯恩只是把考试日期写在9月27日。星期一，9月26日，当他打开记事本想看看这一周的安排，结果全身紧缩："糟了，明天就考试了！我上周全忘了！现在只有一天了，我怎么可能把所有的内容都复习完？"凯恩开始得太晚了，急得直冒汗。

下一次考试时凯恩也采用了拉拉的技巧。这里再简述一遍取胜的妙方：

★ 翻开作业本或者手机记事本，找到考试那天。输入：注意，今天英语单词考试。

★ 考虑一下，需要几天复习。如果不太确定，最好多安排点时间复习。

★ 在作业本或日历中，找出你准备开始复习的那一天。从这里开始直到考试那天，每天都定个提醒，比如："复习，周五考英语单词！"

学生记事本

星期一 9.19

法语
德语
音乐
数学
体育

备注：

星期二 9.20

德语
数学
英语
美术

备注：从今天开始复习数学！

星期三 9.21

宗教
手工
法语

备注：复习，数学考试！

做到心中有数，而不是乱做计划

9月19日——9月25日

星期四 9.22

- 英语
- 数学
- 体育
- 生物
- 地理

备注：复习，数学考试！

星期五 9.23

- 数学
- 音乐
- 历史

备注：复习，数学考试！

星期六 9.24

星期日 9.25

注意：下周二数学考试！

窍门：最好预备一个特别醒目的颜色用来标注考试，如鲜红色或荧光绿。

如果做计划的时候能注意到以下几点将很有帮助：

★ 课时多或忙碌的那几天只安排一点作业。

★ 课时少的那几天多做些作业。

★ 把考试复习分配到好多天，并且定期复习学过的知识。（尤其是那些需要长期记忆的内容，比如单词）

★ 也要安排好业余时间和足够的学习间歇。

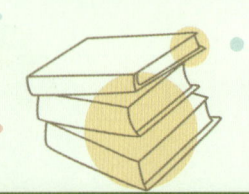

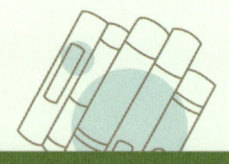

这样攻下繁难的课文：阅读、理解、总结、取胜！

历史、德语、人类与自然、物理和生物等各科的内容，你重复阅读和学习了多少次？你是否发现："我读啊读，却什么也没记住"？

如果你只是通读资料，大脑很快就会觉得无聊，思绪早就飘走了。不知不觉中你只是眼睛在读，而大脑却不知所云了。

在这一章我们将教你怎样：

1．在学这门课时增加学习内容的趣味性和多样化。

2．在短时间内能记住所有重要的东西。

3．做到在考试时能想起答案。

那就开始吧。怎样才能把书和笔记中的知识快速输入大脑呢？

以下的学习策略非常有效。你会大吃一惊：只练习了几遍，就能记住那么多。

1．把课文划分成多个小段落。

2．仔细阅读一段，并标出3～5个重点词汇。

3．用自己的语言概括刚读过的部分。

4．检查自己是否已经记住了所有重要的内容。

5．深入地研究课文。

这样攻下繁难的课文：阅读、理解、总结、取胜！

这看起来很复杂。但你很快就会发现，这些步骤多有用。让我们再仔细看一下这个过程。

第一步　把课文划分成小段落

这一步做起来很快。找出课文的一页并把它分成小段落。一般来说，文章都是按照这样的段落架构的。

注意，段落划分得最好不要太长。如果读完这一段，把它遮住，然后几乎全部都能想起来为最佳。

---

① 译者注：T-13是图片中这个机器人的代码。这里想表达的是，我们人类的大脑并不像机器人一样工作，所以需要把繁难的课文划分成小段落来加强理解、记忆。

要读一篇复杂的课文吗？那就把段落划分得更短，例如，只有两到三个句子。

这样做的好处是：

你的大脑不是硬盘，你的眼睛也不是扫描仪。如果面对繁难的课文你只是阅读，脑袋里几乎什么也留不下。只有当你把内容一小部分、然后再一小部分地输入给大脑时，它才能记得住。

▨ 第二步　仔细阅读每一段，并标出3～5个重点词汇

你看书的时候用荧光笔涂重点吗？有没有到最后书页都发黄、发黏的情况？

如果你把所有你认为重要的地方都用荧光笔涂出来，那就会出现这种情况。

我们介绍给你一个更好的方法。读完一段之后问问自己：

如果写夹带的小纸条，我要写这段文字中的哪3～5个词汇？

然后用荧光笔涂出这几个词汇。这些词应当可以帮你想起学过的内容。快速地浏览这些涂过的词汇，如果你迅速反应道："啊——，这一部分讲的是这个呀。"那你就做对了。

劳拉正在复习生物考试有关大象的那部分。第一段她涂了4个地方。请快速读这一段。

大象是<mark>哺乳动物</mark>，属于<mark>长鼻目</mark>，是现存陆地上最大的动物。大象有很多特点：如母象怀孕<mark>孕期</mark>平均约为两年，准确地说，是<mark>20～22个月</mark>。大象一般在象群中生产。

这样做的好处是：

如果你这样做，就能非常快速地复习。看到那几个涂成黄色的词汇，立刻就能知道这里讲的是什么。

现在来试一下，只快速读劳拉这段课文里涂成黄色的词汇。发现什么了吗？你是怎么记起来这一段内容的？

除此之外，在少数几个重点词汇下画线也很有好处：你必须主动思考，文章里写的是什么，什么特别重要。你通过这种方法让大脑明白，它应该记住什么——而且它也会积极去做。

第三步　用自己的语言概括刚读过的部分

如果你已经读过一段课文并且也涂了几个重点词汇，那就到了第三步：你给自己讲一遍，刚才都读了什么。不要鹦鹉学舌般简单地重复原文。重要的是，你要认真思考，然后用自己的语言复述。

劳拉闭上眼睛，大声说道："好了，这里讲的是大象，它们是哺乳动物。它们属于长鼻目。这很好记，因为它们都有长鼻子呀。哦，对了，大象有点特别，它们由于体型特别大，所以孕期比人类还要长——我想，是12个月。"

这样做的好处是：

你的大脑喜欢你自己的声音！如果你用自己的语言总结，你的大脑就能更好地记住它。你在说的同时自然而然地会用简短的句子，这就能帮你更好地理解文章并且能更容易地记住课文的内容。

通过阅读、思考和复述的交替游戏，你运用了多种通道。也许你在《记忆的窍门：让大脑开足马力》那一章已经读到，这有助于你的大脑存储信息。

还不仅如此。考试时你不必费劲地想你都学了什么，因为你的大脑里已经存储了那些组织好了的句子。

这样做，还能增强你的专注力。你交替进行阅读和复述，就不会开小差。你还成功避免了只有眼睛在读而思绪早已飘走这种情况。

◼ 第四步　检查自己是否已经记住所有重要的内容

为了避免大脑记住的是错误的内容，把这个段落再看一遍。重要的内容都想起来了吗？缺了哪些关键的内容？如果有，你现在可以把缺的那几点大声说出来。

劳拉又看了一遍文章，同时大声自言自语道："对，是长鼻目，没错。'哺乳动物'我也知道——哦，它们的孕期比我想的还要长。20～22个月——这几乎是两年！好了，20～22个月。孕期多长？ 20～22个月。

现在好了。"

这样做的好处是:

快速检查让你又重复了一遍重要内容,同时可以纠正错误。

这个步骤也能给你一种感觉:你对内容理解得有多好,记得有多牢,这很有趣("哇,我可以记住这么多!"),而且能带给你安全感。

第五步　深入地研究课文

如果某些学习内容你经过苦思冥想,那你就能更好地理解它,也能更长久地把它保存在记忆里。对此我们很乐意给你介绍不同的方法。你可以选出你喜欢的那一个。

起一个标题

聪明的学霸会很系统地向大脑输入知识。比如,他们会给每个比较长的段落想出一个标题或总称。同时他们会问自己:这些内容有什么共同点?讲的是什么?有没有一个词或者一个句子可以很好地概括这些内容?然后把每一段的概括都简单写下来。你也可以设想,如果是一名记者,他会给这一段起个什么名称。

这些标题或总称可以帮你迅速找到这篇文章的头绪。

劳拉是怎么做的呢?

她想:"这一段讲的是什么?嗯,这里写着,大象属于动物王国的哪一种，也写了小象是怎样出生和孕育的。很好——可我怎么简单地概括一下呢？我先以'类属和孕期'作为标题，马上把它写上去。"

找出自己的例子

为了立刻记住新信息，你最好问问自己："这个题目跟我有什么关系？我是否已经知道什么类似的东西？能想到几个例子吗？"

我们看一下，劳拉是怎么运用这个技巧的。

劳拉觉得要分清这篇文章里的大象种类很难，比如亚洲象的耳朵较小，非洲象的耳朵较大。劳拉问自己，是否知道与此有关的几个实例。她想起来上次去的苏黎世动物园就是以亚洲象而出名的。由于那天特别热，大象都呼扇着它们的小耳朵，看起来很有意思！

劳拉帮助她的大脑完成了飞跃：她把新信息"亚洲象——小耳朵"同自己生活中的一个例子、一幅图或者一种经历联系在了一起。

比较学习材料和学习大纲

假如你有学习大纲或者以前的考试题，读过几段课文后可以用它们测试一下自己的水平。找出与你读过的这段有关的试题，看看你都能想起什么。

猜测可能出的考题

如果手上没有这方面过去的试卷，那就每看一页都考虑一下，老师可能出什么题，你是否知道答案。这样你就能启动大脑发动机，也会记得更多。

与同学一起学习

最后一步，你可以让人对你提问。

你的同学或者父母可以给你出题。例如："讲一下大象的身体结构。"如果你可以完整地做出回答，他们还可以追问得更详细一点："非常好！你能说一下大象不同种类之间的区别吗？"

如果你和别人一起学习，你俩也可以交替进行：一个人讲，另一个人倾听并提问。下一道题的时候交换角色。由于你在倾听和讲述之间转换，就用到了大脑的不同区域。你也许有兴趣考验一下你的父母，看看他们如果没有资料在手的话，能知道多少☺。

学习课文时最重要的规则：

> 尽可能主动地学习，而不要被动地被课文牵着走。

我们的视频《阿迪与杰斯：考试前的最后冲刺》可以帮你再次复习一下这些重点步骤。立刻去看看这个视频：学习文章内容

锦上添花：优秀的总结

你喜欢写作吗？考试复习时，你会总结笔记和书中的内容吗？下面我们就向你揭秘如何做优秀的总结。

你知道吗？甚至好多大学生都不知道应该怎样总结文章，他们写起总结来就像一个十足的新手。他们会把整篇内容抄下来，而且不写例子。15页的课文总结后居然还有13页。虽然他们已经做了些什么，而且看起来也很勤奋——但其实是在浪费时间。不应当让这种情况发生在你身上。

一个优秀的总结必须短小精悍。写总结的过程就可以帮助你记住很多东西。最重要的是

多想，少写。

如果你只是愚蠢地抄写，你的大脑就进入"睡眠状态"。它根本感觉不到，应该牢记你现在费力写画的内容。

现在我们教你一种方法，它能让你思考。

拿一张普通的纸和一支笔。如果你愿意，也可以用彩色的纸，每个主题采用一种颜色。首先在最上面画出空格，写上课程、当前的主题及日期。在"页数"那儿写，这是总结的第一、第二还是第三页。到最后，这个概括简单明了，也便于整理。劳拉关于"大象"的总结是这样的：

课程：生物　　　　　　　　　　　日期：2022.2.1
主题：大象　　　　　　　　　　　页数：1

  现在在纸上分出一个窄竖栏，注明这一段的总称或标题。如果你学会运用前几页的阅读策略，这应该不难。起码你已经给每一段都想了一个对应的标题！只取少数几个标题或总称——它们在后来复习重点的时候能帮到你。

  劳拉读完了"大象"的第一段。她标注了重点词汇并问自己，哪个标题能最确切地概括本段内容。第一段她决定用"类属和孕期"这一标题。

这样攻下繁难的课文：阅读、理解、总结、取胜！

课程：生物	日期：2022.2.1
主题：大象	页数：1

类属和孕期	

现在你可以在右侧的宽栏里填入课文中的重点。你最好看一下，每一段画线的是哪些词。但是注意，千万别把整个句子抄在这儿，只写重点词汇即可。

总结应尽可能简短——毕竟你的大脑喜欢小分量！

劳拉在右栏填入了第一段中最重要的几点。

课程：生物	日期：2022.2.1
主题：大象	页数：1

类属和孕期	・哺乳动物
	・长鼻目
	・孕期：20～22个月

现在你可以把整篇课文每一段的总称或标题填入总结表中，并写下相应的重点词汇。就像劳拉那样，你应该注意，不同的内容之间保持一点距离。

| 课程：生物 | 日期：2022.2.1 |
主题：大象	页数：1
类属和孕期	·哺乳动物 ·长鼻目 ·孕期：20～22个月
体型	·体重：2～7.5吨 ·身高：最高可达4米

如果都写完了，就在总结表最后画一道粗横线。在下面可以记录你自己的想法，比如

★ 老师考试时可能出的问题。

★ 自己的考虑和想法。

★ 与课堂上其他主题的联系。

★ 自己这方面的例子。

劳拉是这样写的：

考试题： "大象的种类有哪些？"
　　　　　"成年大象的身高和体重是多少？"
　　　　　"说出大象的三个特征！"
自己的想法：大象也许因为象牙而濒临灭绝？
　　　　　　影视中的大象多为亚洲象（耳朵小！可以驯服！）

你的总结表完成了！聪明的学霸用这个来准备考试。他们盖住右侧的宽栏。只看左侧的总称，比如"体型"，然后检查他们是否还记得所有的重点。最后用最下面的考试题考考自己，看是否都记牢了。

这里你可以看到，怎样利用总结表复习或者进行自我问答。

课程：生物	日期：2022.2.1
主题：大象	页数：1

类属和孕期	・哺乳动物 ・长鼻目 ・孕期：20～22个月
体型	・体重：2～7.5吨 ・身高：最高可达4米

（续表）

课程：生物	日期：2022.2.1
主题：大象	页数：1

种类	· 三种现存种类：— 非洲草原象 　　　　　　　　— 森林象 　　　　　　　　— 亚洲象
分布范围	· 非洲草原象：以前：非洲大陆 　　　　　　　现在：4个不同的种群 · 森林象：非洲西部的雨林 · 亚洲象：以前：中国，叙利亚 　　　　　现在：斯里兰卡，其他群岛
特征	· 社会性强 · 聪明 · 能学"外语" · 左撇子和右撇子

考试题：	"大象的种类有哪些？" "成年大象的身高和体重是多少？" "说出大象的三个特征！"
自己的想法：	大象也许因为象牙而濒临灭绝？ 影视中的大象多为亚洲象（耳朵小！可以驯服！）

可以利用总结表检验自己的知识。

这样攻下繁难的课文：阅读、理解、总结、取胜！ 081

课程：生物　　　　　　　　　　　日期：2022.2.1
主题：大象　　　　　　　　　　　页数：1

类属和孕期	
体型	
种类	
分布范围	
特征	

考试题：　　"大象的种类有哪些？"
　　　　　　"成年大象的身高和体重是多少？"
　　　　　　"说出大象的三个特征！"
自己的想法：大象也许因为象牙而濒临灭绝？
　　　　　　影视中的大象多为亚洲象（耳朵小！可以驯服！）

类似下表中的缩写可以帮你省去不必要的书写工作。你也可以自己发明符号，只要自认符合逻辑就行。

缩写	代表意义
→	导致
←	来自
?	问题
eg.	例如
ca.	大概 / 大约
+	多
−	少
!	注意，重要
≙	等于 / 相当于

然后她就说，她想跟别人学习。

卡门还体会不到你的优势在哪里。现在让我看一下我们老师的硬盘，她把考试题保存了吗？

①

---

① 译者注：该图是 73 页图的后续。

这样攻下繁难的课文：阅读、理解、总结、取胜！

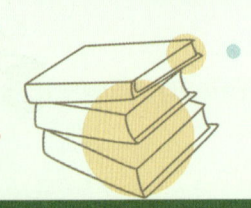

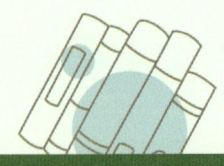

这样你轻而易举就能成为外语能手

本章分为两个部分。第一部分我们将告诉你，怎样才能提高外语分数。

第二部分我们会给你介绍几种方法，不再局限于提高你某次的考试成绩。你将学到全新的、有创造性的方法来促进你学习外语，而且让你还想继续学习。你也许很难想象，有这么一群成年人，竟然把学习外语当成一种爱好。为什么这些人会如此开心，甚至愿意为此牺牲自己的业余时间呢？我们会告诉你秘诀。如果你尝试这些技巧，你会很吃惊：突然间，那些单词和语法你几乎不用学就会了。

▨ 第一部分　怎样提高成绩

你是不是接二连三地在听写或语法考试中落败？那你可以通过单词考试的出色表现来提高总成绩。下面，我们就向你介绍"学霸学习法"。

单词考试取得出色的成绩

坦白来讲，背单词可不是一件令人激动的事情。假如你天生喜欢背

单词，那你绝对是个书呆子。(衷心地恭喜你！我，斯蒂芬，也是这样的书呆子)

以下适用于所有其他人：既然反正都觉得背单词没意思，那就应尽快完成它。下面的每一个技巧都能帮助你，让那些单词快一点在你的大脑里"安家"，并且不会被赶走。

先背一小部分，然后再背一小部分

如果你想要一下子记住所有单词，大脑就会精疲力竭。要想进展迅速，就要分小份记单词。

塔尼亚背单词的方法不太聪明。因为要准备单词考试，她计划用一个下午把整篇课文的单词都背下来。周四放学后她就坐在那儿背，直到眼睛累得开始流泪。她无数次用白纸遮住单词本上的解释，绞尽脑汁地试图想起来是哪个词，最后还是无可奈何地放弃了。

无论塔尼亚多么有语言天赋，多么聪明——她要是按照这种方式学习，就是在给自己使绊子。

当塔尼亚顶着沉重的脑袋趴在桌前用功时，她的双胞胎妹妹阿尼亚早就结束学习了。区别就在于一个小小的技巧：阿尼亚每次只给她的大脑灌输一小点儿，然后再一小点儿。

如果阿尼亚要记30个单词，她会把它们分成6组，每组5个单词。她是这么做的：

1. 阿尼亚先从第1组的5个单词中拿出3个单词卡学习。她读出第

1个单词及后面的翻译，然后闭上眼睛，凭记忆再大声说出它们。第2个单词完全一样。之后她并没有继续往下记第3个单词，而是把前两个单词又复习了一遍，然后才专心致志地记第3个单词。

2. 一旦前3个单词都掌握了，她就拿出第4个单词卡，然后是第5个。同时不断复习这一组里的5个单词。

3. 第1组学完后阿尼亚会检查一下，她是否单凭记忆，而不需要瞄单词卡，就能把这5个单词及其翻译都说出来。

4. 现在她稍微休息一下，或者做其他课程的作业。

5. 之后她凭记忆再次复习一遍第1组的5个单词，然后才着手记第2组单词。

6. 6组单词都学完之后，她把所有卡片混在一起，再考自己一遍这些单词。

阿尼亚的学习方法乍看起来很麻烦。但是通过分组学习及不停地复习，大脑里的"连接"飞快地生长，并建立起牢固的神经网。

塔尼亚考试后把单词都忘了，而阿尼亚却绝对可以放心，那些单词会完好地、长久地保存在脑海里。

★ 分组学习单词，每组最多5个单词。

★ 经常快速复习。

★ 出现错误时立刻大声说出正确的翻译。

★ 主动唤起单词回忆——例如问自己："我刚才学了哪3个单词？"

所有这些都能帮助你的大脑，在最短时间内建立牢固、可靠的神经网。

如果你学名词时直接把词性①连着学（der Apfel – la pomme，而不是单纯的Apfel – pomme②），这样就可以避免不必要的错误。学动词时应该连同那些不起眼的小词汇一起学习（jemanden bei etwas unterstützen，德语，英语意为to support somebody in…）。这样你就给了大脑信号：注意，这些是连在一起的！请记住！

要想记住字形，那就把单词写下来或者按照书写的方式用母语读出来③，这是很有帮助的。

如果还想效果再好些，那就按照你最喜欢的歌曲的旋律把单词都唱出来，或者把它们融入到说唱中去。你的大脑喜欢这种异想天开，你也会因此得到回报！

如果你想利用日常生活中的碎片时间来学习单词，可以借助不同的APP。用手机免费下载单词练习APP，如Card2brain或Quizlet④。这些APP取代了"卡片学习法"，当然也取代了卡片盒。

---

① 译者注：德语的名词属性分为阳性、阴性和中性3种，法语的名词属性分阳性和阴性两种。
② 译者注：der（阳性）和la（阴性）分别是德语和法语中表示名词属性的冠词；Apfel和pomme分别是德语和法语的"苹果"。
③ 译者注：此法尤其适用于母语为字母语言的人。中文是象形文字，这里可用拼音，但绝不能用汉字标注。
④ 译者注：再如Duolingo（多邻国），是供初学者学习英语的APP，趣味性很强。

充分利用课堂时间

我们，斯蒂芬妮和法比安，还能清楚地回忆起当年的外语课。语法学习多少年来总是那样按部就班。我们被按顺序叫起来回答问题，把语法练习中的句子补充完整。大多数同学每次都会提前数好，自己什么时候被叫到（"好嘞——我得做第17题"），把这个句子做好，然后脑子里就开始想其他事情了。可恶的是，老师有时会叫一个同学回答两道题。等你非常自信地回答了第17题后，老师却说："这个刚做过了。现在是第18题。"

我，法比安，每堂语法课大约能坚持认真听3分钟。

这样做的后果是，考试前我必须在家里恶补所有那些被遗漏的知识，而我其实更愿意玩有趣的电子游戏。

在过去的几年里，我们认识到：要想既提高考试成绩，同时又留出更多的课余时间，最好的办法就是上课时集中注意力并积极参与。这样做有很多好处：

★ 你已经学过大部分的内容，考试前只需要温习一下就行了。

★ 课堂也开始变得有趣——受罪、无聊的感觉会减少。

★ 如果你积极主动，时间会过得很快。

★ 老师会给你打个较高的课堂参与分。

★ 在课堂上你很少再有这种很囧的情形："嗯，老师讲到哪儿了？"

对于你厌恶的课程，给自己设定一个目标很有帮助，比如："今天我举3次手！"或者"我今天要把这个语法练习搞懂。"这时你的大脑就进入到学习状态。

成为高手的秘诀

我们想向你透露一个秘密，作为提高分数的最后一个窍门。理解并运用这个技巧不是太容易——所以下面几页需要你全神贯注地看。假如你现在有点累了，那就下次再读吧。

还记得《费力少而得分高：考试大获成功》一章的箭靶吗？那一章提到，如果把学习焦点放在重点知识上，可以用较少的时间得到较好的分数。这种直接命中靶心的方法也适用于外语学习。要注意查看，哪类错误总让你丢分。具体这样操作：

1. 每年一次，把本年度德语及其他外语的所有试卷、作文和听写都找出来。

2. 查看老师修改过的所有错误。试着把错误分类。

3. 查看错误分类，并问自己：有没有哪个错误我总是在犯？针对最常犯的错误，有没有一个我可以学习的语法规则？

4. 复习这个或多个语法规则，并做几个相关的语法练习。可以从书中或网上找到这样的练习。

着实让人吃惊的是：你在改正这一类错误的同时，通常可以收到其他意想不到的效果。也许你在查看错误的时候就已经注意到了，如果不是每次考试都因为同样的语法规则丢分，你单次考试的成绩就会提高很多。

比如学习法语时我们注意到，许多青少年总是混淆动词原形和过去分词，尤其是在动词原形与过去分词相似的情况下。他们写"il a travailler"，而不是"il a travaillé"——即他们写"he has work"，而不是"he has worked"。[1] 因为这种过去分词经常出现，很多同学在同一张纸上会罗列5～10个这类错误。

不要因为"又犯了"这么多同样的错误而懊恼，你可以从中看到一个巨大的机遇："如果我只用一个下午来巩固这个语法规则，那么在未来几年的考试中，我每次的成绩都会提高。"

你找到必须要掌握的语法规则了吗？那你就可以运用下列步骤把它变得更容易记住。如果你学到了新的语法规则，在复习它们准备考试时，这个步骤也适用。

---

[1] 译者注：再如一个常犯的错误，It has take place，正确的写法是 It has taken place。

第一步　背诵语法规则

拉尔斯注意到，他经常混淆英语中的过去式。他先专心学习简单的一般过去时。他在笔记里找到了下面的语法规则并背了下来。

一般过去时的使用方法

过去发生的或已经结束的状态或动作。

词尾：-ed (talk → talked; watch → watched)

所有的人称都相同(he, she, it, we, you, they watched)。

第二步　寻找小帮手

大部分的语法规则都有小帮手：信号词。它能告诉你，要用哪种时态。拉尔斯在网上输入"信号词　一般过去时"，搜到了以下结果。

一般过去时的信号词

Last year / month / week

an hour / a week / a month / a year ago

In 1990

When I was 10 years old ...

拉尔斯牢记这些信号词。这些词将来会帮助他使用正确的时态，而不必费力去想。

第三步　背诵例外

学习外语的过程中经常能碰到例外。老师们都特别喜欢把它们隐藏在考试中，来检查你是否认真学习了。

比如，拉尔斯找到了部分重要动词的一般过去式的不规则变化。

例外 / 重要的不规则动词的一般过去式

do – did

have – had

go – went

speak – spoke

leave – left

...

你可以把这些不规则动词都写在彩纸上，并把它们贴在浴室镜子上或者挂在马桶上方。这样它们一天能提醒你好几次。

第四步 做同一个语法规则的练习

聪明的学霸总是把注意力集中在一个语法规则上。他们不断地练习同一个语法规则，直到可以飞快地、不需要考虑就能运用自如，然后才开始学习下一个语法规则。

拉尔斯向老师要了一般过去时的练习题，也从网上找到了几页相关的习题及其答案。几天后他就掌握了一般过去时。

现在，他可以开始做下一个常犯错误的相关练习了。

你也可以使用原先课堂上的语法练习题。找一份填空题，用贴纸把空格上的答案盖上。现在试着把正确的时态写到贴纸上，然后检查自己是否都做对了。

其实语法就是帮助你回答下面几个问题：
1. 时态的组成方式是什么？
2. 何时使用它？有没有信号词可以明确告诉你必须用这个时态？
3. 有哪些例外？

重要的语法规则必须熟练掌握

仅是认识语法规则还不够，如果你已经有了语感并且自然而然就能做对，那你才算真正掌握了这个语法规则。为了达到真正掌握的目的，你必须多做练习。除了做语法练习题外，下面这些窍门也可以帮到你，而且很有趣。

第二部分　投身到外语的探险旅程中去！

为了能享受外语的探险旅程，你必须开阔自己的视野。

如果你对自己说:"我想学英语!毕业后我要能用英语流利地说和写!"会出现什么情况呢?你会有学习动力。上课就成为帮你接近目标的一种手段。

如果你总是从考试到考试拖拖拉拉地学习,而且总把分数看作最重要的事,那你学起来就很费力,而且压力也很大。你会有种感觉:你总是被迫去学习。

你想"顺便"就能提高英语或法语成绩吗?没问题!

学习语言?我只是顺便就学了

我们在写这本书的过程中,发现我们上学时的共同点:不知何时我俩都有了读英文书的这种想法。对我,斯蒂芬妮来说,读英文书是因为性急。我就是等不及新的《哈利·波特》系列的德文版上市。而对我,法比安来说,读英文书是出于愿望,因为我想读我最喜欢的《魔戒》的原版。决定很快就下了:快读英文原版书吧!

我俩特别自豪,尤其是当我们发现:嗨,我们能看懂英文原版书!

从此,为了好玩,我们开始读英文原版书,而且很多东西突然自己就通了:

★ 我们明显不用那么费力地背单词了。

★ 我们对语言、语法和造句有了语感。

★ 老师布置的那些阅读材料，不再成为问题。

★ 好多词我们在书中经常碰到，所以写的时候自然而然就写对了。

★ 我们用这种语言阅读的速度越来越快。

一个很好的"副作用"是，尽管我们为每次考试所用的复习时间越来越短，但分数却越来越好。

我们不仅注重分数，更注重语言学习，为此我们后来也得到了回报。在大学读心理学专业时，几乎所有的文章都是英文的。太庆幸了，上学的那些年读了那么多英文原版书。

假如你读整本书感觉还太难的话，可以找一些英文或法文的连环画。或者有些书的内容你已经知道了，那你现在就可以看它们的原版了。

也许你是《小屁孩日记》丛书的粉丝，想看一下这本日记的英文原版，由于你已经知道书的内容，很多东西读起来自然就容易懂了，而且学习新词也飞快。

为你的双耳准备一本优秀的有声书

学语言的最佳途径之一，就是听。我们的窍门是下载合适的外语有声书。

自从很多成年人开始利用业余时间学习外语以来，很多新小说都出版了有声书。有些有声书甚至专门是为了学习语言而准备的——也就是说，读者仅有最基础的词汇，也能理解一个扣人心弦的故事。但在听之前要弄清楚，这些有声书是为哪个语言水平的人准备的。从最简单的（A1或者1级）开始，然后慢慢提高，直到你能听懂原版。

也许你希望，有人为你朗读你最喜欢的一本书的英文版。

如果你没全听懂，也不必担心。刚开始的时候你也许只明白了个大概。放松点，好好享受，虽然你只懂了一点，但时间长了，你懂的就越来越多。

你也可以重复播放几遍。这时你就发现，每次都能更深入地融入到故事中去。

定期听外语故事或对话，可以训练你的耳朵，可以更好、更快地理解口语。你就会对这种语言的韵律和发音特别敏感，还能顺便帮你温习单词。同时你又听到了新单词。

有些单词你可以通过上下文推断出意思，还有些单词你感到好奇，在下次学单词时碰到你也会很高兴，因为这些词你曾经听过，所以你能更快速地记住它们。这样，外语就变得生动起来，与正面的感觉和有趣的故事联系在了一起。你的大脑就会像块干海绵一样吸收所有的知识。

你想启动你的大脑发动机吗？那就试试下面的方法吧。

这样你轻而易举就能成为外语能手 099

听并复读

有些很好的节目，母语的领读者会说一些简单的句子，然后停顿一下，这时你就可以复读。通过这样的练习，你就可以学习措辞、语法并同时练习了正确的发音。

阅读与听力

很多故事既有纸质书，也有有声书。你可以听有声书的同时读纸质书。你会很吃惊，你竟然能跟上有声书的速度，而且你的大脑也很"高兴"，因为它可以使用不同的区域，顺便就记住了字形。

（注意，纸质书与其有声书必须是成套出售的。如果你只是随便买了某本书的有声书，那极有可能有声书的内容已经被改写或者大幅缩写，你就无法边听边一对一进行阅读了）

有效地结合

你可以把不同的方法结合起来，找出读、听、复读的正确组合并进行练习。

皮娅今年15岁，她想一年后去美国做交换生。她希望到那时自己能说一口流利的英语，以便和寄宿家庭交流，并能跟上美国高中的课程。皮娅知道，这是一个雄心勃勃的计划，不过那些艰巨的挑战总是能让她斗志昂扬。

下周就开始放暑假，皮娅想利用这段时间加强英语学习。她希望尽可能开心地学习，度过这个轻松的假期。

皮娅买了以下这些东西：

★ 10本精彩的有声书。

★ 其中4本有相对应的纸质书。

★ 一个DVD外语教程[①]，其中包括语法练习和可以复读的日常对话。

皮娅的父母也很受鼓舞，大方地出资相助。(如果你的父母已经为你买了这本书，那他们肯定也会为这样的计划慷慨解囊。别忘了，你喜欢的某款英语电脑游戏，或是一本精彩的杂志，都可以列到购买清单上。记着，要勇于对父母说"thank you very much"。万一没有人愿意资助你，网上还有大量的免费有声书、小说和视频。你只需要有点耐心，就能找到你想要的东西。怎样才能找到呢？应该就不需要我们这个年纪的"老人"来告诉你啦)

---

① 译者注：如今人们多使用网上视频教学。

皮娅给自己制定了一个暑假英语速成计划：

★ 每天早上打开手机，舒舒服服地躺在床上听15～20分钟有声书。

★ 午饭前跟英语DVD练习20分钟。先练10分钟的复读，然后再做10分钟的口头语法练习。她会多次复习，直到自己随口就能说出这些句子。

★ 去遛狗时，皮娅的脑海中会浮现出自己去美国的情形。她想象她和寄宿家庭及新朋友的典型对话并考虑能说些什么。她不时地在手机字典APP上查一些不认识的词。

★ 入睡前，躺在床上读15分钟书。这时她喜欢看早上听过的那本书。有时她都听懂了，急不可待地想知道接下来如何，那她就接着读下去；如果早上听的时候比较费力，那她就再读同一段内容。

一周后皮娅吃惊地发现，她这一周竟然学了那么多。尤其是说英语的时候更自信了。刚开始做复读练习时，她还有点不好意思——可现在她却明显觉得很有趣。她玩耍似地模仿领读者的音调。她的理解能力提高了，词汇量也增长了。许多词她以前只是笼统地懂得，现在她都可以主动地使用了。

她越来越期待美国之旅。在美国学校的第一周，她就发现，她可以很轻松地坐在英语课堂上。以前被英语老师叫到时她总是觉得很窘，可现在她明显感觉轻松了，甚至经常主动举手。下课时，老师还表扬了她，她也为自己的进步感到高兴。

皮娅觉得，她在暑假里学的口语词汇比去年一学年学得都多。这一点都不奇怪。

在学校上英语课，大部分是阅读理解、语法和书面词汇的练习。这样一来，口语学习就容易停滞不前。其实很好计算：如果一堂英语课里用25分钟做语法练习，其中大概一半时间是老师提问或者点评，然后每个学生还剩30秒的说话时间，每周3节课下来也就只有一分半钟。整个学年每个学生累计仅有半个小时的发言时间。皮娅在DVD复读速成课第3周的时候就已经达到半个小时的英语说话时间了。

皮娅的故事唤起你的学习兴趣了吗？你可以在日常生活中"顺便"使用外语：

★ 看你最喜欢的连续剧或惊险电影的外语版。如果太难听懂，就打开字幕。

★ 在YouTube上看你最喜欢的游戏或者英语辅导教程。在那儿你可以找到，讲母语的人教你怎样用吉他弹出你喜欢的歌曲，怎样提高运动技能，怎样做出一个美丽的发型或者怎样用缝纫机做衣服等。

★ 试着翻译你喜欢的歌曲的歌词。如果你知道这首歌唱的是什么，会觉得歌曲更美了。不过有些歌词的内容也会令人难堪。

★ 把电子游戏的语言设置成英语或法语。

我，斯蒂芬妮，圣诞节时收到了老公送我的礼物：一部Kindle（我猜，我老公是不想让我用几百本书把整个家都塞满）。这个设备的好处是：下载一本外语书后，点击字词就会显示相应的翻译。如果你愿意，也可以把这些单词保存到内置的词汇笔记本内，以便日后学习。

怎样才能驯服"数学怪兽"

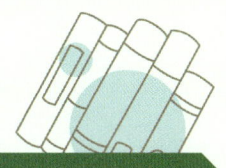

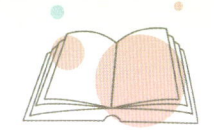

你是否也属于那些"完全听不懂数学的人"？数学课上，你坐在那儿，脑袋上悬着一个巨大的问号。你有没有觉得自己就是太笨，太没有天赋，没法学数学？

那么我，斯蒂芬妮，很愿意与你分享我的经历。

上高中时我和数学基本处于"敌对状态"。"什么？我根本不懂！数学应该自己解决它们的问题！"这可能是我做数学题时最常有的想法。考试时我做题的时间经常不够用。高中毕业考试前，我们班又分到一个特别可恶的家伙（在我们看来）教我们数学。因为他，害得我差点儿没能高中毕业！

这位先生有一个特别的天分：他能让全班同学感到害怕和惊恐。"他好像能从折磨我们当中找到快乐"，我当时常这样想。下面是他的几个"拿手好戏"：

★ 让学生到黑板前算题，并出言讥讽。（"就这些？那我真得问一下，你是怎么到这里来的？"）

★ 叫上课不发言的学生回答问题，让他们出丑。（"这个结果你们早就该想到的。我看你们的毕业考试前途黑暗！"）

★ 一章接着一章"流水账"似地讲下去，也不管我们听懂了没有。

★ 突击考试并且留出的时间很短。（"你们毕业考试时的时间也不比这多。"）

★ 考试中插入上课没有讲到的内容。（"你们就是得学以致用。"）

这样的老师我还从来没遇见过。我有一个闺蜜就是因为他的混账行为被迫离校了。她数学学得很艰难，成绩已经比较危险了。这时他叫她到黑板前做题，并有意让她局促地站了很久。她惊慌失措，害怕数学不及格而不能参加毕业考试，然后她突然嚎啕大哭，无法继续做题。课时结束后这位老师真的给了她一个很糟的分数，最终导致她数学不及格，只能在毕业考试前夕离开了高中。

你可以想象，我们当中肯定有人想，最好能把这种人发射到月球上去。我也是其中之一，我们想报复他。

所以，我们上他的课时不再努力听讲。我们感觉跟这个老师学没用。我们想报仇。我们认为："如果班级考试的平均成绩太差的话，不久校领导肯定得找他麻烦。"可惜我们没有成功。

今天你能读到这本书（我后来也通过了毕业考试），得感谢那个煞费苦心想出来的作战计划。

不知何时，我们厌倦了期待事情自己会有所改变的想法。于是我们行动起来并决定：我们不再给他机会，让他有驯服我们的快感！相反，我们要尽可能地不让他再有给我们差分的机会。还有让他惊讶的呢！

提高课堂参与度

在我们的作战计划中，对付这个"数学魔鬼"的第一步就是：提高课堂参与分数。在课堂上多举手，其实是提高数学成绩最快的途径。另外，向老师提问，也是课堂参与分数的一部分！经常参与互动的同学在课堂上自然而然就会更注意听讲。而且，如果你不知道答案的话，老师也很少会突然叫你。

比如我给每节数学课列了个表。每发一次言，我就在不干胶便签或笔记本上画一道杠。看到自己进步这么明显，我真的很受鼓舞。这样做还有一个正面的"副作用"：由于在课堂上有那么多同学提问，老师很难加快讲课速度。他不得不再解释一遍或是借助其他方式，来帮助我们理解课堂内容。

如果你在课堂上积极参与，那么假如有一道题比较难的话，你马上就能注意到。复杂的题目最好用彩笔标出来，然后回到家安安静静地再做一遍，包括在考前复习时。

回忆课堂场景

也许这个窍门会让你觉得"太努力"了。可是除了坚持不懈，几乎没有什么更好用的方法。你忍受不了数学？那你的大脑就会试着尽可能地逃避数学。可恶的是，这会让整个事情变得更糟。你要帮助大脑来理解数学。怎么办呢？用一个简单的常规办法：做数学作业前，先简单回顾一下当天的笔记，尽量仔细地回想老师是怎么讲解的，在不明白的地方标一个"？"，第二天上课时记着问老师。这样课堂参与分也有了。

现在，你已经简单看过了今天的学习内容，大脑就知道了一个大概。优点是这之后你会觉得作业变得简单点儿了。你已经把内容重复了一遍，有利于"大脑高速路"的形成。如果你还想把握再大些，那就着手处理课堂上用彩笔标出来的问题。注意：彩笔标出来的问题都是特别难的。不用着急，你可以慢慢地领会每一个算题步骤。

使用这些技巧肯定能为你"消除"许多问号。

◼ 如果教练不好，那就找个好的！

你知道，我们的大脑喜欢重复。可在学习数学方面就比较难了，因为我们总是需要思考新的题。有时你也许有这种感觉："这个分数运算我都做了无数次了，可还是做不对！"尤其讨厌的是，你感觉老师"就是讲不清楚"。这时有两种选择：一种是你陷入自怨自艾的泥潭（"我就是太笨！我就是不懂数学嘛！老师太混蛋了！……"）；另一种是给你的大脑一点启动帮助。很多同学认为，"必须懂数学"才能考出好成绩。那些"什么都不懂的人"难道就一点希望都没有了吗？绝对不是！你只是需要一个好的指导，就如同下面这个例子。

想象一下，你有机会赢得100万欧元。为此你必须做到，30分钟内不借助其他帮助独自从一个复杂的迷宫里走出来。你可以从两个教练中任选其一，进行比赛的准备工作。

教练A曾亲自参与建迷宫，而且是识别迷宫内植物的专家。赛前准备时，教练A快步走在前面，并在拐角处用专业术语向你讲解，为什么要向左或者向右拐。她会这样说："这里并排种了3棵红色的杜鹃，那里是萝藦科的乳草花，所以在这里我向右拐。仔细看这些被修剪成盘子状的松柏围墙，这里你必须向左拐。"你还没看明白呢，你们就已经走出了迷宫，而出迷宫的路你几乎没记住。虽然你写下了那些专业术语，可过后对你的帮助也不太大。

教练B同你一起分区走过迷宫，让你自己画一个迷宫草图。你们不断一步一步地练习并商量，你怎样从这一区走到下一区。同时，在重点位置她会用简单的语言做讲解，并对专业术语做出解释，例如："看这里，这里有3株开红花的植物，花看起来有点像星星。我们叫它杜鹃。当你看到这3株开着星星般红花的植物时，向右拐。"你手里拿着草图，和教练B一起从这一区走到下一区。慢慢地你的脑海里就呈现出了走出迷宫的详细步骤。你的草图也就可以在赛前放心地上交给比赛组织方了。

教练A和教练B，你觉得和谁做赛前准备才有可能成为幸福的获胜者呢？如果你知道那些有关植物名称的专业术语，那么教练A的讲解或许可以帮到你。但如果你迄今为止从未到过植物迷宫，那么和教练B在一起成功的可能性更大。

我们经常听青少年讲到，他们根本不可能学好数学，因为他们的老师太差。对此我们只能说：醒醒吧，你现在在YouTube时代！有很多方式找到其他的（或者更简单的）讲解。如果你是一个"数学笨蛋"的话，那就试试下面的法子吧。

1. 等到开始学习一个新单元。

2. 在老师开讲前，先在YouTube上寻找相关基础知识的讲解视频。比如搜索"分数的约分和通分"或者"解方程式"，也就是"解带X的方程式"，你从网上可以找到几百个视频，通过视频可以让你的学习更加容易。

3. 选一个"教练"：那个人，是你愿意倾听的，他能以你的理解速度讲解，并能形象地解释每一个步骤。视频最大的一个好处就是，如果你哪里没听明白，可以按"暂停"或者再听一遍。

也许你会吃惊，半个小时的视频竟然能让你从开始就听得懂数学课。经常会出现这种情况：如果你和教练B（比如YouTube网络数学教练）已经走过一次迷宫，那么你也能从之后的教练A（比如老师）的讲解中受益。数学课堂上最经常出现的问题是，那么多的新知识点扑面而来，让你完全不知所措。

如果课前预习了，你就能更好地把信息归类，老师的课堂讲解也变得更容易理解了。这样，上课时你也不再那么焦虑、无聊。每个新章节开始前做点小准备，上课时认真听讲，你就不必在考试前花好几个小时费劲地复习了。

最后请你再核实一下，你是否会犯以下一个甚至多个错误。

在数学复习过程中的四个灾难性错误——你怎样才能避免

许多人认为自己就是不懂数学。后来证明，大部分学生并不笨，只是他们的学习方法"笨"。也许你看下面几页的时候会突然发觉："哦，这些年来我也在做这件蠢事。"如果是这样，那你应该尽快改变学习策略。你肯定不想挡自己的路，对吧？

错误1：你还没明白，数学与计算有关

你想知道怎样才能变成史上数学最差的学生吗？他们考试前不是把以前的练习题再重新做一遍，而只是看几遍。差不多就像看着别人做运动，然后期待自己也会变得更健康一样。

如果不是自己亲自做，那么大部分步骤看起来都"真的很合理"。只有当你不瞄着答案，而是自己思考运算的时候，才能意识到，哪里你还不确定，哪里你会做错。

你想聪明地做好数学考前准备吗？那就拿一张白纸遮住每道题的运算步骤和答案，自己试着独立计算出答案。写出每一个运算步骤，最后和标准答案做比较：哪里做对了？哪里弄错了？哪些内容你还应该再详细地看一下？尝试去领会那些正确的运算步骤。假如没有计算出正确答案，那么第二天再专心地重做一遍。

错误2：你紧咬着作业不放，结果又着急又生气

你通常的数学学习状况如何？你是否属于下列青少年？

★ 上课不认真听讲，考试前想把一切都补回来。

★ 因为学习让人不愉快，所以只在最后一刻才开始学习。

★ 在考试的前一天展开"学习马拉松"，并以此来推迟危机。

如果是这样，成绩差早已注定了！

学习数学需要你头脑冷静，可以不时地抛开作业一会儿。或许你以前玩电子游戏的时候经历过以下情况：

当你玩到一定级别之后，不论是猜谜还是对抗终极对手，你就是没办法再往前。不管你怎么尝试，就是不行。最后你气急败坏地把遥控器扔到沙发上想："这一关肯定玩不过去了。"过了几小时或者一天后，你决心再试一次。结果一下子就轻松过关了。你自己都很吃惊："哟，怎么

现在突然这么简单啦？"

如果无法继续，那就去泡澡

一天，阿基米德赤条条地穿过锡拉库萨的街道，并大声喊着："Heureka！"（"我发现了！"）因为当这位著名的数学家正在家里泡澡时，突然想到那个困扰他好几天的难题的解决办法了。

从此人们就把喊声"Heureka!"和"恍然大悟"联系在一起。

阿基米德并不是唯一的一位不是在办公桌前而是在做完全不同的事情时做出伟大发现的人。牛顿就是坐在苹果树下被掉落的苹果砸到了脑袋，才发现了万有引力定律。

这里的秘密就是间歇！当你改做其他事情、平静下来后，头脑又清晰了，你就能更好地集中注意力。假如你正在做猜谜，那也许这种现象会对你有帮助，它就是心理学家所谓的"酝酿效应"。

酝酿效应即无意识思考，是指人们先钻研某个问题，之后停下来做点其他的事情，然后隔一段时间再去钻研这个问题时，突然就有了灵感。

这个瞬间的领悟可以在休息期间出现，比如上厕所时、散步时或者淋浴时。通常是在人们停歇一段时间后再参与到工作当中去的时候，才会出现这种突然开窍的情况。

所以，学数学，多次重复学习是很有帮助的。这样你的大脑可以在你休息的时候继续思考学习内容，更容易得到作业的答案。可是如果你只是在考试前不久才开始学习，那就使你自己和你的大脑失去了这个奇妙的机会。

错误3：你一个人独自煎熬

有些学生在那些看不懂的数学作业前，一坐就是几个小时。这毫无意义！对于数学和自然科学，两个人结伴学习会容易很多。就算是和比你学得差的同学一起学习也是这样。和同伴一起学习有以下优点：

★ 两个人知道和理解的东西比一个人多。

★ 有问题时可以相互帮助。

★ 两个人在一起可以学习较长时间，并且可以相互鼓励。

★ 两个人一起定个学习计划，可以帮你对抗惰性。

想要学习小组最有效，必须：

★ 你们只有两人，最多三人。如果小组成员过多，相互之间只能分散注意力。

★ 每个人都提前准备一下，比如："我们下周三16:30在贝恩家里碰头。在这之前每个人都要把'分数通分'这一部分读完，第X页的作业做完。我们到时讨论解题步骤和疑问。"

错误4：你不停地告诉自己，你就是太笨或者你就是不懂数学！

有些人确实在数学方面比较有天赋。但是研究表明，态度的作用比人们想象的要大。关于数学，我们总会听到同样的话语：

"学数学只有懂或者不懂！"

"必须马上就想明白了。"

"数学根本就没办法练习，得有天赋。"

这种态度导致人们在碰到困难时立刻放弃，并关闭大脑。你是怎样的呢？

★ 当老师上课讲到一个比较复杂的知识点时，你会生气地用"反正我什么都不明白！"为自己开脱吗？

★ 碰到第一个难题时就说："根本没必要试，反正我也不会！"轻易放弃并且心里对下次考试已经不抱希望了，是吗？

★ 你是否认为，看到题的第一眼你就必须判断出你是否"懂"？假如不懂，你都不试着去思考一下吗？

如果你持这种态度，那你几乎不可能在数学方面赢得胜利的橄榄枝，因为你陷入了自证预言的陷阱。

如果人们相信什么并且这样做了，而这个预想后来又被证实了，这就是心理学所说的自证预言。最简单的模式就是：我不会，那我就没必要练习。如果我考试成绩差，那正好证明了"你看，我真的不会。"

如果你想提高数学成绩，就不能总认为自己是基因不好的受害者或者缺少天赋。相反，你应该有点战斗精神，因为，数学也是可以学好的！

数学也是可以学好的！

学好数学，你需要有恒心、毅力和一点勇气。而且，你今天就可以开始！

如果你在课堂上跟不上，可以举手提问。（这样也许很窘，可是大部分情况下你的同学们也希望老师能讲得再详细点）

如果做作业时哪道题不会，你可以先放一下，然后再继续尝试，而不是立刻放弃。

如果自己无法再继续，你可以向同学、父母（如果他们知道的话）、网络或者老师寻求帮助。

如果考试时一道题解不开，那就告诉自己："这道题我可能做不完，但列出运算步骤或者算对的部分也可以得分。"

让我们看看克劳迪娅的做法。由于数学不好，克劳迪娅已经忍无可忍了。她下决心给自己找了个同伴一起学习，勇敢地面对她厌恶的数学。她做了一个大标题板，挂在写字台对面的墙上，给自己鼓气。每次在学习数学之前都看一眼她的公告板。

> **我的数学战斗公告**
>
> 学数学，勤能补拙。不要被打败！
>
> 如果没有听懂，可以寻求帮助！
>
> 有时没有头绪，这很正常。
>
> 休息一下，稍后再试。

克劳迪娅没有因此变成数学天才，但她通过勤奋努力，把成绩从完全不及格提高到接近及格。也许你现在会想："哼——不及格就不及格，还有必要这么努力吗？"可克劳迪娅明白，一个接近及格的成绩她可以承受，但如果成绩太差她就有可能留级。她可不想再多学一年数学，而且还是在一个全新的班级里。

就这几个简单的窍门再加一点勤奋，让我、斯蒂芬妮在满分15分的数学毕业考试中取得了12分的成绩。这个结果对我来说绝对是轰动性的。在以后的大学心理学专业的学习中，统计学考试我取得了最高分，这也让我信心百倍，我——一个曾经"完全听不懂数学的人"，甚至为其他大学同学开起了数学辅导课。

轻松演讲

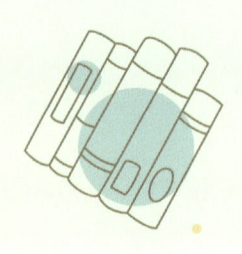

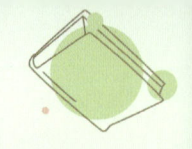

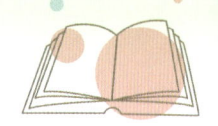

你想知道怎样准备精彩的演讲吗？我们将告诉你，如何让你的演讲可以鼓舞和激励全班同学，并且轻而易举地征服你的老师。到时你可不要吃惊，因为对你来说演讲突然变得轻松有趣了！

如果你现在感觉演讲压力大，想消除紧张不安，可以在本章的后面部分以及第165页的《再见，考试压力！》中找到答案。

我们想首先告诉你，准备演讲绝对不应该做什么。假如你过去一直都像迪特尔这样，那么恭喜你——你将在短期内取得显著的提高。

◈ 迪特尔的演讲一团糟

迪特尔是一名优秀、勤奋的学生，可是他总觉得演讲很难，也绝对不想让演讲拉下他的总成绩。

这学期来了一位新的地理老师。开学的第一节课上，地理老师就给全班发了一张列有演讲题目的单子，并宣布："每个同学这学期都得做一次演讲。你们可以从这个单子里自己选一个主题。"

迪特尔选的题目是《亚马孙雨林——受到威胁的天堂》。

演讲开始前的一个月，迪特尔就去了市图书馆，希望找到有用的书籍。通过仔细查询他找到了五本书，并在网上找到很多文章，都是有关雨林的。迪特尔几乎每晚都浏览资料并做笔记。（我们不是说过他很勤奋了嘛？）

很快，他就总结了好几页有关雨林的笔记。可是到现在他还不知道，怎样才能在20分钟里讲出所有这些内容。而且他也不敢删减什么，担心要是老师就认为这一段（被删的内容）重要，怎么办？

迪特尔从第一个标题入手，写下了有关植物世界的内容。然后他开始写动物世界、气候，最后到中心主题——雨林的过度采伐。

他很快就写满了一页一页的稿纸。演讲前一周，迪特尔手中握着写得密密麻麻的八张A4纸。

然而，上次的历史演讲还让他刻骨铭心。那次演讲分数不是特别好——虽然他准备了很多材料。

当时，他的老师布鲁格夫人说："内容不错，但你只是按着稿子读的。下一次试着脱稿讲，眼睛不要总盯着稿子，而要看大家。"

迪特尔将老师的话铭记于心。这次会完全不一样！在演讲的7天前，他就开始准备把那八页内容背下来。

他觉得要记住所有内容有些难，更不要说那些长句，还有一些复杂的词汇。他总是出现口误或者思路中断。这让迪特尔感到压力很大："如果演讲的时候这样，我该怎么办？大家肯定会瞪着我看，真讨厌！"

聪明学习——与时间和智力无关的奇妙方法

演讲的前一晚是最难熬的。虽然迪特尔这段时间已经把演讲内容反复读了无数遍,可他还是感觉把握不大。他躺在床上翻来覆去无法入睡,脑子里还总在默想着演讲内容。要是有某句话没想起来,他就立刻打开灯翻看演讲稿。

第二天的第二节课就轮到他演讲:《亚马孙雨林——受到威胁的天堂》!

迪特尔从座位上站了起来,立刻就感觉到大家射向他的目光。他的喉咙哽住了,头也发晕。现在绝不能出错!他紧紧抓着演讲稿,由于翻看的次数很多,这些稿纸都已经有些皱了。迪特尔抱着"希望这一切能快点结束"的想法,开始了演讲。

他神情恍惚地嘟囔着已经背诵下来的内容,期间偶尔抬头盯着教室后面的墙壁。

突然，迪特尔意识到他背漏了一段，这一下子打乱了他的阵脚，他想："我现在是该停下来返回去还是继续往下讲？如果继续往下讲就缺了点东西啊！"他心里这么犹豫着，嘴却在继续唠叨。

突然，远处响起巴赫曼老师的声音："迪特尔，还有3分钟——看看，你怎么结束演讲！"

迪特尔没有料到这种情况。他才讲了一半！那些最重要的内容——所有的威胁以及伐木的事情——都还没说呢！他该怎么办？

剩下的那些我们这里就省略了。

至少迪特尔演讲后不用回答问题了。全班人都无聊地、死气沉沉地坐在那里。那些迪特尔精心准备的内容同学们没听进去多少。

结果证明，迪特尔的分数和他的付出完全不成正比，而巴赫曼老师也有些生气，因为迪特尔超时了。

为什么迪特尔那么用功，而演讲却如此失败？如果换做你，你会怎么做？把你想到的都写下来。

_____

_____

_____

_____

_____

_____

_____

写完了吗？把你写的和我们写的对比一下。

迪特尔的错误清单

　　为什么迪特尔付出了极大的努力却没有得到相应的回报？在全班所有人中，他可是做演讲准备最努力的那一个。

　　迪特尔希望他的演讲内容尽可能完整、详尽，避免出现任何错误。可正是由于这个原因，他的演讲出现了以下问题：

★ **资料太多。** 做准备时他总是想："这个内容很重要！这个得写进去！"结果他有太多太多的内容，都要挤到20分钟的演讲里。

★ **没有大纲。** 迪特尔虽然熟悉演讲内容，但他从没有考虑过，该怎么演讲。他忘了问自己："我有多长时间？最重要的标题是什么？哪几点必须得讲？怎样能让演讲气氛轻松点？哪些图片、故事或者例子能活跃演讲气氛？"

★ **写下全部内容。** 因为迪特尔感觉仅有笔记把握不大，于是他把整个演讲稿逐字逐句都写了下来。我们在书写时，会使用很多复杂的长句。如果原封不动照着念，演讲会很死板，听起来就像是按照百科全书读下来的。

★ **背诵。** 背诵整个演讲内容很费时间，听起来也很单调。听众觉得无聊就会走神。与此同时，迪特尔也感觉压力很大，因为他想完全按照他写的来说。可能全班并没有人发现他忘讲了一段，可这却让他脱离了演讲的正常轨道。他的脑海中总是浮现出此类想法："糟了，现在我忘了一句！"或者"这儿我可不是这样写的。"

★ 使用稿纸。演讲时手里拿着写好的稿子，乍一看很有帮助，但容易让人照稿宣读。迪特尔每次必须有意识地集中精力，才能强迫自己不时地把视线从稿纸上移开，盯着教室后面的墙壁。而且，如果演讲时出现思路中断的情况，就很难再从那些写满字的纸上找到中断的地方。

★ 封闭了大脑和内心世界。迪特尔专门选了亚马孙雨林作为演讲主题，因为他对此感兴趣。他完全沉迷到动植物世界中，为它的多样性而激动。这个美妙的森林即将被人类毁掉，这让他很生气，也很难过。可是在演讲时，他太注重准确无误地复述内容，别人根本体会不到他的这种感觉和兴趣。到最后，虽然他几乎没说错任何细节，可整个演讲听起来就像是由电脑程序播放的。

迪特尔成了演讲专家

经历了这次重创，迪特尔感到极度失望。这种状况必须有所改变！迪特尔从书上和网上找到了特别棒的演讲窍门。现在他把准备工作的顺序颠倒了过来。

下次演讲时，他像是变了一个人。全班同学都很惊讶，听得很着迷，老师也给了他最高分，他的演讲取得了圆满成功。其实，这一次演讲迪特尔的准备时间比以前少了很多。

为了让你了解迪特尔是怎样做的，我们把这些演讲技巧中最重要的部分列了出来。

先了解情况

在上一次地理课的演讲准备中，迪特尔匆忙开始，收集了太多太多的资料。

这一次演讲时，他变聪明了，先给自己列了一个简单的大纲。

> 题目：气候变化——潜在的威胁
>
> 时间：20分钟（其中5分钟导语，12分钟主要部分，3分钟总结及自己的结束语）
>
> 材料：给全班的讲义（一页A4纸）
>
> 目标：我应该简洁、明确地说明以下内容。
>
> -什么导致了气候变化；
>
> -为什么气候变化是一种威胁；
>
> -人类可以/应该为此做些什么；
>
> -如果我们继续这样下去，未来将何去何从。

这些目标迪特尔是从演讲题目以及与老师的谈话中推导出来的。它们能帮迪特尔毫不费力地熟悉演讲内容。

如果你的老师无法给你有效的帮助，那么你可以仔细看看演讲题目，并给自己提几个问题：什么事？发生了什么？为什么会发生？什么时候发生的？谁参与了？为什么做这件事？在哪里做这件事？

你也可以像纳蒂亚那样更简单地开始。

自己列一个提纲

纳蒂亚所在班级的每个人都必须选一种受到威胁的动物为主题做一次演讲。

纳蒂亚选的题目是"大象——处于危险中的灰色巨兽"。

纳蒂亚还完全不知道演讲该做成什么样子。幸亏之前有很多聪明的人曾经写过如何准备演讲。

纳蒂亚在图书馆找到了一本有关大象的书，又从网上找到了一些精彩的文章。她把这些资料中的重要信息都记录下来。现在可以准备提纲了。

纳蒂亚先打开书，看目录部分，研究作者是怎么组织大象这一章的。

有没有一个有意义的结构呢？接下来，纳蒂亚粗略阅地读了网上的文章，想从中找出适合自己演讲的标题和子标题。

很快她就找到了下列标题：

★ 外貌及体型；

★ 大象的种类；

★ 繁衍及生存空间；

★ 生活习性；

★ 食物来源；

★ 敌人／来自人类的威胁。

我担心，一头大象还不足以完成整个提纲。

· 外貌及体型
· 大象的种类
· 生活习性
· 食物来源

接下来，纳蒂亚又问自己，她想对哪几项内容进行较详细的讲解。看到演讲的题目为"大象——处于危险中的灰色巨兽"，她马上就明白，老师希望听到关于大象被人类捕杀及它们的生存空间受到威胁的内容。她的资料中也有一段有关象牙交易和大象保护区的内容，她还想查找更多的资料。她立即把这些都列到提纲里，思考讲解每项内容需要多长时间。现在的提纲如下：

大象——处于危险中的灰色巨兽

- 导语（1分钟）
- 大象的种类及生存空间（4分钟）
- 外貌及体型（2分钟）
- 生活习性（4分钟）
- 食物来源（1分钟）
- 大象面临的威胁：象牙交易以及对其生存空间的破坏（6分钟）
- 保护措施（2分钟）

纳蒂亚很清楚，演讲时间只够她讲最重要的几点。

纳蒂亚现在确定了演讲内容的大体顺序。她又想，要给每项内容起个什么标题，按什么顺序处理各个标题，要不要子标题等。然后，她的演讲提纲变成这样：

1. 导语
2. 大象的种类及生存空间
   – 非洲草原象
   – 森林象
   – 亚洲象
3. 外貌及体型
   ……

针对子标题，纳蒂亚又拿起了介绍大象的那本书。她发现，大象共分三种，这三种她都想简单介绍一下，并展示相关图片。于是她就把大象的种类名称作为子标题添加了进去。

不要沉迷于细节

纳蒂亚很幸运，她选的题目很好列提纲。

而迪特尔却选了一个明显有难度的题目——气候变化。但他从之前的失败中吸取了教训。这一次他不是先去找来好多书和文章，而是有目的地查找。

他找出目标，即问题，逐项查找相关资料。

他要在演讲中回答的问题是：什么导致了气候变化。

他在谷歌搜索栏输入"气候变化原因"，并用很短的时间读了三篇文章，而且他也注意到，哪些原因经常被提及。

经常被提到的原因是所谓的"温室效应"。可迪特尔不太理解，"温室效应"到底指的是什么。幸好他有个主意，他把这个词输入到YouTube搜索栏，找到一个很有趣的短视频。看完视频他知道了怎样才能很好地解释"温室效应"。

他又重播了一遍视频，却关掉了声音，尝试自己来解释看到的东西。很快他就发现，自己也能解释"温室效应"了，但需要用5分钟的时间。

迪特尔在查找资料的时候，还写下了重要的提示词。

创建提示卡或用PPT制作幻灯片

现在你的演讲已经有了大体的框架。那么考虑一下，对每个标题及下面的子标题，你想讲些什么。

为了能提醒你在演讲的时候该说什么——不是照本宣科——你可以创建提示卡或用PPT制作幻灯片。

纳蒂亚找到了一些较大的硬卡片。演讲时她通常很紧张，手会发抖，而拿着硬卡片手抖就不容易被发现；相反，若是拿着一张又大又薄的纸，手抖就会很明显。她现在为每一个演讲标题都做了一个提示卡，写上重点。同时为了提醒自己，她也注明了什么时候该展示什么或者向同学们分发什么，并用荧光笔标出来。最后她给卡片编了号，以免在演讲时混淆。

2.大象的种类

<mark>现在挂图！</mark>

– 非洲草原象

– 森林象（不久前 ← 基因分析！）

– 亚洲象

注意：在幻灯片上，也就是说在提示卡上，应该只写最最重要的、你绝对不可以忘记的几点。而你要讲的却明显多得多。比如针对这张提示卡，纳蒂亚要讲的内容如下。

"大象一共有三种不同的种类。不可思议的是不久前还只有两类，即非洲象和亚洲象。通过仔细的基因分析人们发现，非洲象很可能还有一个分类，即森林象。这幅图就是森林象，非洲草原象在那边，这第三个当然就是亚洲象了。"

如果你用PPT制作幻灯片，可以为每个子标题都准备一张图，这样就不需要文字幻灯片了。如果你用这张图做提醒，那么你连提示卡也不需要了。

纳蒂亚演讲中的一个子标题为"象群"。对此她展示了下页这幅图。

纳蒂亚一看到这幅图，自然而然就想起了重点内容："这里你们可以看到一幅象群图。你们肯定注意到了最前面的大象体格尤其大。这就

是头象。通常来说，头象是象群中较老的雌象，它带领象群去寻找水源和食物。小象走在象群中间。大象的社会性很强，它们共同抚养小象长大。也就是说，年纪大的照顾小的和弱的，不让它们出事。你们注意到这儿缺什么了吗？"……""对了！象群中没有成年雄象。如果雄象……"

也许你会想："那我要是忘了这个怎么办？"答案是：没人会注意到！只要你脱稿讲，会比照稿宣读或者背诵下来精彩千百倍——所以这儿可以放心地丢下几点。

如果遗漏了什么，很多时候甚至是一种幸运，也许班上正好有人提到你遗漏的这个问题。

比如说，纳蒂亚忘了讲雄象的那一点。一个同学觉得很奇怪，就在演讲结束后问纳蒂亚:"你挂的那幅象群图里雌象是最大的——我以为雄象更大。"于是纳蒂亚可以潇洒地指着图片解释道:"说得对——很好,你注意到了这一点。成年雄象不在象群里。它们大约12岁左右会离开象群独居或者小范围群居。"

丰富你的演讲

纳蒂亚已经这样做了——时不时地展示一张漂亮的图片,可以让你的演讲更加有趣而且让人印象深刻。你想为演讲增光添彩吗?下面的窍门可以帮助你。

★ 播放一个小短片。(迪特尔用了一个20秒长的电影片段展现了极度饥饿的北极熊,以唤起人们对气候变化所造成危害的认同感)

★ 展示一件物品。(纳蒂亚把奶奶的一件象牙饰品拿来,让大家传看)

★ 插入著名作家或哲学家的一句名言。(在网站www.zitat.net[①]上你可以找到不同主题的名言)

★ 朗读书中的一段。(比如你想介绍的那本小说中的一段)

★ 问听众一个问题。(纳蒂亚想问全班,注意到她的那幅象群图有什么不同吗?)

---

① 译者注:这是一个专门提供德文警句、名言的网站。

★ 进行投票。(当迪特尔说到气候变化的原因时，他指着三幅图——汽车、被伐倒的树木和牛问大家："你们觉得什么是气候变化的主要原因——交通、树木采伐还是肉类生产？谁认为是交通？请举手！"迪特尔数了人数，然后再继续讲解原因)

注意开头和结尾

演讲的开头和结尾最容易被人记住，所以你应该在这两部分多动脑筋。

设计一个精彩的演讲开场白，会把听众的注意力都吸引过来。

"我今天演讲的题目是……"这大概是最无聊的开场白了。迪特尔一开始就用了一个骨瘦如柴的北极熊的短片抓住了全班的注意力。此外，我们上面介绍的其他方法也适用——展示一幅图、朗读点什么或者在首张幻灯片上显示一句名言等。

如果再能有一个完美的结尾，那中间部分你就可以放心地"松散"点儿了。

在演讲结束前最好能用1~2分钟来充实你的演讲，比如采用下面的方法。

★ 总结。在演讲的最后再次重申最重要的几点。纳蒂亚可以说："最后我想稍微总结一下。我们看到了，大象是现存最大的陆生哺乳动物。它们有不同的种类——非洲草原象、亚洲象和森林象。大象几乎没有天敌，但它们却因为受到象牙交易和丧失生存空间的威胁而濒临灭绝。"

★ **阐述自己的观点**。告诉大家，这个题目最让你感兴趣或最吃惊的是什么。纳蒂亚的观点是："最让我吃惊的是象群的社会行为。我无法想象，它们和我们人类这么相似，它们也会悲伤，会埋葬死去的大象，并且能认出多年未见的朋友。"

★ **召唤**。召唤就是号召大家做点什么。迪特尔想唤醒全班同学："各位，现在已经到了紧急时刻！如果我们这一代不采取措施对抗气候变化，我们将切身感受到所有的后果！所以，少坐飞机，少吃肉，改用可更新的能源！"（请注意，老师会比同学们更喜欢这个结束语……）

★ **展望**。纳蒂亚可以这样结束演讲："大象由于它们的象牙而被猎杀，这很可怕。但值得庆幸的是，不久前WWF（世界自然基金会）开始实施一个大象救援项目。我这里拿来了一幅宣传画。此外，中国几周前也签署了一项条约，他们将采取措施禁止象牙交易。"

全力以赴——发放讲义！

用重要的提示词写成的一份简单的书面总结叫做讲义。你可以在演讲前或演讲后给同学们发放讲义。这样可以博得大家的好感，因此而得高分的人也并不少见。你可以这样做：

1. 准备好演讲提纲和提示卡。
2. 打开电脑新建一个文件。
3. 在文件左上角写上你的名字、班级和科目。右上角写上日期。
4. 中间写演讲的题目。
5. 按顺序输入演讲提纲，以及提示卡或幻灯片上的提示词。
6. 强调标题和子标题（用粗体、斜体，或加大字体）。
7. 注意不同标题和子标题之间的间距。
8. 输入信息来源。
9. 检查书写错误。

这看起来很麻烦，但其实不是——纳蒂亚能飞快地拟定讲义，她只需要按提示卡输入信息并分类。标题用粗体格式。

别忘了，在讲义最后注明信息来源。这个很重要！它们指明，这些信息你是从哪里找到的。

下一页是纳蒂亚的讲义。你可以当作样板使用。

2022年2月22日

老师：苏特先生

演讲人：纳蒂亚·阿吉丹

大象——处于危险中的灰色巨兽

1. **导语**
   - 长鼻目
   - 世上现存最大的陆生哺乳动物
   - 出生时体重：约100千克

2. **大象的种类**
   - 非洲草原象
   - 森林象
   - 亚洲象

3. **外貌及体型**

	非洲草原象	森林象	亚洲象
体重	至7.5吨	至4吨	至5吨
身高	至3.30米	至2.90米	至3米
识别特征	耳朵大	耳朵圆，较瘦	耳朵小，皮肤有斑
象牙	公象及母象	公象及母象	仅公象

4. **生活习性**
   - 象群由母象和幼象组成，6～80头不等
   - 由头象引领（头象是有经验的母象）
   - 公象大约12岁时离开象群
   - 社会性强

5. 食物来源
   - 食草动物：草、水果、根茎、枝叶和树皮
   - 食量：每天约需200千克食物、150升水

6. 大象面临的威胁
   - 偷猎/象牙交易
   - 丧失生存空间（森林过度采伐、人类过多占用土地）
   - 人、象之间的冲突
   - 大象的圈养及驯化

7. 保护措施
   - 建立国家公园、保护区和保留地
   - 实施物种保护条约
   - 政府牵头禁止象牙交易
   - 发展经济型农业
   - 人、象和平共处项目
   - 几个保护组织：如WWF、Save the Elephants等

8. 信息来源
   - 书籍
     Hammelstein, A. (2008). Lernwerkstatt Elefanten: Wissenswertes? ber die bedrohten Dickh?uter. Verlag Kohl.
     Kurt, F. (2004). Von Elefanten und Menschen. Verlag Haupt.
   - 网络
     www.wwf.de
   - 文章
     Wilderei: Gier nach Elfenbein bedroht Afrikanische Elefanten. Zeit online vom 18.August 2014.

变身舞台达人

没有哪个摇滚明星、演员和演说家不经过练习就能登台表演。

你的演讲内容准备完了？所需要的物品都收集好了？那就开始训练吧！

你最好大声地在观众（比如你的父母）面前练习。随着时间的流逝，你会发现你变得越来越有把握，你也可以越来越自由，越来越流利地演讲。练习时务必使用准备好的图表、实物和图片。你的大脑越熟悉真实的演讲流程，你就会越轻松！

训练时要注意时间。最好现在就精减演讲内容。如果你的演讲因超时而被老师打断，那就太可惜了。

练习时你可以这样做：

1. 舒舒服服地坐在桌前，把提示卡按顺序铺在眼前。拿一张卡，稍微看一下上面写的什么，然后假装给坐在你对面的朋友讲解，听起来就好像你在给他讲一部你前不久刚看过的电影。如果你用这种方式演讲，自然而然就会使用口语，而不是复杂冗长的套话。你也许注意到了，你其实可以想起全部重要的内容。

就这样按顺序练习所有的卡片，直到你感觉很放松，很有把握。

2. 现在尝试练习在教室里演讲。找一间安静的屋子。如果你要用PPT，那就把笔记本电脑在桌上安置好，并把其他物品（图表、实物和图片等）放好。站直并拿好提示卡。就好像你在全班同学面前演讲一样，按顺序讲解每一点演讲内容。试着大声、清晰并尽可能脱稿演讲。如果突然间你的思路中断了，那就看一眼提示卡。重要的是，一切都要像真实演讲那样练习。在适当的时候展示你的其他物品并练习向空屋子提问。

3. 一旦你可以流利地演讲，再用秒表计时讲一次。检查你是否能在规定的时间内讲完，如有必要，可以精减一点儿内容。

练习处理突发事件

许多同学在演讲练习时总是希望一切完美。如果他们说错了或者思路中断了，会选择从头开始。

如果你能轻易地越过这类绊脚石（没有出现上述状况），当然最好。但即便是演讲家、老师也会出现思路中断的情况。只是人们几乎注意不到罢了，因为他们不会因此而紧张；相反，他们可以很从容地应对这种情况。

回想一下，你的老师在讲课时是否经常会停顿一下或着说"嗯"？再想想，其他同学在演讲时有多少次都不知道该怎么继续下去了，对吧？

这种事情经常出现。那么仔细考虑一下，在这种情况下你会怎么做，并且马上练习一下。下面举个例子。

如果思路中断，我就做几个深呼吸，停顿一下，然后看看提示卡。假如还是找不到思路，我就说："哦，我忘了说到哪儿了。"然后等找到正确的提示词后再继续。

在演讲练习时你越是经常性地处理这种情况,在真正演讲时你就越能从容不迫地应对。

要是有个问题我无法回答怎么办?

前面已经谈到演讲时可能出现的困难,下面继续。许多同学害怕在演讲时或演讲后有人向自己提难以回答的问题。

这也很正常。如果你已经什么都会，什么都知道，就没必要上学了。学校就是学习的地方，总会出现你回答不出的情形。你的老师也不会感到意外。考虑一下这种情况，你想怎么应对。这里有几种方法。

★ 我事先就声明："你们的问题我很愿意在最后回答。"这样至少在我演讲时没人打断我。

★ 我说："哦，这我还真不知道。但我很愿意查一下，下次上课时告诉你们答案。"

★ 把这个问题往后放一下。我可以这样说："我还真没有想到答案，我需要时间想一想。我可不可以把你的问题先放一放？谁还有问题？"

你还想做得更简单一点吗？那就用用这个聪明的技巧吧：事先和你的朋友拟定几个问题，然后让他们在你演讲的最后阶段提问。答案你当然已经考虑好了。你的老师一定会很吃惊，你知道得那么全面！这样保证能给老师留下好印象。

要是我满脸通红怎么办？

你知道人类究竟为什么会脸红吗？当我们感到紧张、恐惧或者羞愧时，就会脸红，这时身体的某一部分起了主导作用，而我们却无法控制它。身体的这一部分会让血管扩张，血液迅速涌入脸庞并停留较长时间。脸变红，类似于人体的一种空调，就像出汗一样。大部分人在演讲时都会有点紧张，但脸是否会红或者会有多红却因人而异。皮肤稍厚的人比皮肤稍薄的人脸会红得轻一点，皮肤偏白的人比皮肤偏黑的人更容易脸红。

就算你脸红得发烫，你也没有任何过错，而且你也无法"关闭某个开关"让脸不红。也许脸红根本没有你想象的那么严重。

回想一下：上次你们班里到底谁脸红了？你是怎么想这位同学的？如果其他人脸红，你认为这很窘吗？

或许你根本就没有注意过？或许你认为其他人脸红也没什么大不了？可以肯定的是，如果你不介意别人是否脸红，那么别人在你演讲时大概也一样。你可以简单地告诉自己："我或许会脸红，我可以脸红。即便这样，我仍然可以做一个优秀的演讲。"如果你为此做好了准备，那脸红也就没那么糟糕了。

让开场变得容易些

对大部分同学而言，演讲的开场是最艰难的时刻。所有人都盯着你看，等着你说点什么。这一点儿不轻松！这个重要时刻不能让它任其自然发展。你最好事先仔细考虑一下，怎样才能轻松地开始。看着你最好的女友或哥们儿，对你有帮助吗？演讲开始时，先朗读点东西或者把题目写到题板上，会让你轻松点儿吗？你可以在家里练习不同的开场方式并思考用哪种方式能让你感觉更舒服。

总的来说，有些人在演讲时不喜欢看别人的眼睛。你也这样吗？那么就看他们的额头或鼻子吧——反正没人会发现。

让朋友帮你控制时间

你担心演讲时说得太快或者太慢？那就和你最好的闺蜜或哥们儿约定三个手势：一个是"说快点儿"，一个是"说慢点儿"，另一个是"很好"。你可以在演讲期间时不时地看看这个人，如果需要改变语速，他会给你一个手势。

演讲前充分做好准备

最晚在演讲的前一天你就要考虑好，都需要什么东西。提示卡完整吗？按顺序理好了吗？你开始演讲时是想用胶片放在投影仪上，还是需要笔记本电脑用PPT演示？要把PPT存入U盘带到学校去吗？讲义准备得怎么样了？需要的东西都打印出来了吗？还有其他要展示的物品吗？

把所有演讲用品列一个单子。提前把设备装好。

几乎没有什么比早上起来找不到U盘，或者打印机坏了，更让你着急冒汗的了。

利用课间或者上课一开始就把东西布置好，如果你不确定怎样使用幻灯机或投影仪，让老师给你演示一下。

要是出岔子，我就会被大家看扁了！

有时人们在演讲前担忧得快要发疯了。人们想象着各种情节，自己会怎样出尽丑，而且所有人都嘲笑自己。在第165页的《再见，考试压力！》中你将学习如何对付这些担忧。我们还想用一个例子告诉你，这些担忧通常有多夸张。

14岁的卡提亚对我们说："要是我演讲出了岔子，就会被大家看扁了！"我们问她，她的"大家"指的是谁。她突然明白了，就算演讲不成功，她的好朋友也会站在她这边，安慰她。只有那四个男孩子会认为她很笨。于是我们又问她这个问题："如果你这次演讲好极了呢？他们会认为你很棒吗？"卡提亚回答道："不会，不管我做什么，他们反正都会认为我很蠢。这对我来说也无所谓。其实演讲并不能改变全班对我的看法——不管演讲得好还是坏。"

卡提亚认识到，演讲也仅是一场演讲而已。她明白，没有人仅会因为一场演讲而改变对她的看法；而且演讲只不过就是针对某个主题为全班做出相应的讲解。

我们承认，这一章真的很长。为了让你下一次演讲做好准备，接下来两页我们为你列了一个简短的演讲检查单，里面总结了所有重点。

演讲检查单在手，一切胸有成竹

第一步　设定目标

- 仔细看演讲题目并思考，哪些内容最重要。
- 用疑问词针对演讲内容提问。(谁？什么？为什么？什么时间？哪里？关于什么？)

第二步　列大纲

- 从图书馆借几本书，从可靠的网络来源或杂志上找几篇文章。
- 只看标题和目录。
- 编写提纲。
- 决定每个标题需要多长时间。

第三步　深入分析

- 按顺序详细分析每个子标题。通读你找到的相关文章。
- 为每一个子标题准备一至两张幻灯片或提示卡。

第四步　制造悬念

- 设计一个有趣的开场白。(展示名言或朗读一段文章，展示一幅图或者播放一个电影片段)
- 物色你想让大家传看的物品。
- 想出一个有说服力的结束语。(总结、展望、阐述自己的观点或者发出召唤)

第五步　准备讲义

- 把提纲和提示卡铺好。

- 打开电脑建立一个新文件。

- 在左上角写上你的名字、班级和科目；右上角写上日期。

- 中间写演讲的题目。

- 按顺序输入大纲，以及提示卡或幻灯片上的提示词。

- 强调标题和子标题（使用粗体、斜体，或加大字体）。

- 注意不同标题和子标题之间的间距。

- 输入信息来源。

- 检查书写错误。

第六步　练习

- 舒舒服服地坐在桌前，把提示卡按顺序铺开。

- 讲述你看提示卡后想起来的内容——就好像讲给一个好朋友听。

- 一旦你能做到这一点，就可以增加难度了。在演讲练习时，使用所有演示设备以及你准备的物品，与在学校正式演讲完全一样。

- 训练处理意外情况（思路中断，无法回答提问）。

- 注意时间。删减或增加演讲内容，直到时间正好。

学习毫无动力？
你可以巧妙地赶走内心的懒虫！

当孩子被迫做那些烦人的作业，或者学他们不喜欢的那门功课时，父母总会掺和进来，比如来一通"鼓励性"的训话。他们摆好姿势，深吸一口气，然后就开始了："你啊，我也不是对所有东西都感兴趣的……，生活本来就不是游乐园……，有时人们必须做那些自己不感兴趣的事情……，没有耕耘就没有收获。"

是很有道理——就好像你不知道一样。

如果你的父母在下次年税申报时再抱怨，你就可以剑锋一转，对他们说："纳税是民主社会的基石。有时人们必须做那些自己不感兴趣的事。难道你们认为我对作业感兴趣？国家用这些税款修建公路和学校，促进艺术和文化的发展。你们应该为我们国家为此取得的成就感到欣慰。现在就动手，快点儿吧。每年就填那么一两页表格，能有多难？——我可是天天都得做作业。"

说真的，学生是世上唯一一份不需要递交求职申请的"工作"，也是一份很全面的"工作"。可是，世上总有那些我们不愿做的事情。

很少有人喜欢所有的课。要做那些你觉得无聊（甚至从心底里感到厌恶）的功课，绝对是一种挑战。你肯定会问：怎样才能解决这个难题？

学习毫无动力？你可以巧妙地赶走内心的懒虫！

有些青少年在这方面绝对是大师，他们可以把学习内容变得很有趣。

而其他人面对自己厌恶的功课却越来越煎熬。这从他们的长吁短叹中就可以发现：

"我为什么一定要做这个？"

"我看见它就烦！"

"太——无聊了！"

"反正也没人用这破玩意儿！"

这些我们都可以理解，但没用。你越抱怨什么，你的大脑就越抗拒接受什么。大脑没兴致应付那些你认为无聊的、不重要的事情。另外，你的大脑已经被设置好，它会尽快忘记那些你认为不重要的事情。由此下去，学习就变得更加乏味了，你什么都记不住。

可是，如果你能设法做到，让自己觉得学习很有意思、很引人入胜而且不单调，那你的大脑就会贪婪地吸收所有的知识。

培训期间，我们采访了几百名青少年，了解他们是怎样激励自己的。我们将有效的学习方法进行了汇总。你会发现，这些窍门和技巧区别很大，其中几个也许根本不适合你，而其他的却可以帮助你。下面你可以尝试运用每一种方法，然后把那些对你有用的保留下来。

友谊之法

有时我们需要一个好的同伴。弗罗多没有了山姆会怎样？哈利没有了赫敏和罗恩呢？卢克·天行者没有了莱雅公主和汉·索罗呢？甚至于超能战士，独自一人就更可怜了。

假如某件事做起来很难，但如果这时你有个好同伴，就会容易得多。学习也是这样。

和别人约好一起复习考试，可以让你受到这学习气氛的感染。这个人可以是你的同班同学、兄弟姐妹或者一个邻居。你们两个没必要学习同样的课程——仅仅是两个人一起坐在那里，就已经很有帮助了。

当然你也可以和你的同班同学一起学习，互相帮助。即使你俩这门课学得不是同样好，你也不必担心。假如你学得好一些，你可以通过向他讲解学到更多的东西；假如你学得差一点，那他就可以帮助你。万一你俩对这门课都一窍不通，那两个人也比一个人懂得多一些。

可以把学习和令人愉快的事情联系起来：设定一个明确的时间，比如学到什么时候，学完之后犒劳自己一下。

舒适之法

把大脑带到你喜欢的地方。

这篇课文你必须背诵吗？那就拿着书去花园，转上几圈并大声读课文。

拿本书，然后舒服地躺在浴缸里阅读。

你必须写篇命题作文，可是却毫无灵感，怎么办？那就去散步吧，顺便想想这个命题。随身带个小笔记本，把想法都记下来。

你还可以把学习和运动联系起来。也许你的父母心血来潮想要锻炼身体，购买了家庭运动器械，那你就可以把单词或课文重点录到手机上，边锻炼边听。然后对父母说："总得有人用这个器械呀"，暗示他们太缺少自律啦。

你也可以捧一杯热可可奶，围上一条柔软的毯子或者点一个香熏蜡烛，让学习氛围更温馨。

创新之法

你还可以给你的大脑"耍个花招",让它能更好地工作。怎么办呢?你假装是另外一个人。

这个甚至被科学家们测试过!如果让大学生在考试前穿上医生的白大褂,那他们考试时就可以更好地集中注意力。这样会让他们觉得自己特别聪明。

现在来说说你。

如果你必须学习某一门功课，那么想想谁在这门课上特别优秀？谁会对这个内容十分感兴趣？那就在开始学习之前，迅速进入这个人的角色。

你没兴趣学数学吗？那就想象你是《生活大爆炸》中的谢耳朵；也许你更想当一个自己处理金钱交易的黑手党老大；或许你觉得扮演老师最有意思？

想象自己是某个人，可以释放潜在的积极性，让我们更有毅力。

蝙蝠侠效应

宾夕法尼亚大学的瑞秋·怀特教授和她的小组做了一项有趣的实验，实验对象是一群4～6岁的孩子。这些孩子必须花10分钟时间完成一项极其枯燥繁琐的任务。在这期间，他们可以根据自己的心情随时站起来，去玩有趣的电子游戏。

科学家们证实，当孩子装扮成超人以及想象自己是英雄时，可以起到与成年人穿上医生的白大褂类似的效果：

装扮后的孩子可以做到更有耐心、更积极地专注某事，很少会为电子游戏分心。

杰里米的毕业专题陈述终于有进展了！①

考虑一下，在做讨厌的作业时，你想扮成谁。马上写下建议吧。

讨厌的课程：

_____

_____

我的角色：

_____

_____

---

① 译者注：瑞士高中生须在指导老师的帮助下，对所选专题做书面记录，之后做公开陈述。分数属于毕业成绩的一部分。

这里还有几个方法，可以运用你的创造力。

★ 开动"大脑影院"，把学习内容想象成合适的图片或电影片段。

★ 在书边的空白处做个小记号，提醒自己想起文中的重点。

★ 把不规则动词编到说唱里，或者按照自己喜欢的歌曲旋律唱出单词。

★ 为一首诗编排一个小哑剧或者舞蹈：哪个动作或手势比较合适？你怎么把它们按正确的顺序串连在一起？

★ 背单词时，想象你的眼睛就是一部照相机。把单词一个字母、一个字母地拍下来。然后闭上眼睛想象脑海里的"那一张张照片"。你还能拼出这个单词吗？

★ 总结适合自己的记忆法，比如"一三五七八十腊，三十一天永不差"等[①]。

★ 针对考试内容准备问题，然后两人竞赛答题。赢的小伙伴奖励一包糖果。

抗压之法

想要战胜令人厌恶的功课，你需要有足够坚定的内心、毅力和勇气。如果成功了，你完全可以好好地拍着自己的肩膀夸赞自己说："你真

---

① 译者注：腊月指十二月，意思是一、三、五、七、八、十和十二月7个月份，每个月有31天。

顽强！你付出了那么多努力——真的太棒了！"

你可以借助枯燥、繁难的作业锻炼自己的抗压能力。假装自己有一颗斗士之心并咬牙坚持。先从5分钟开始，让自己忍受折磨，坚持学习讨厌的功课。然后逐渐延长时间，让自己面对愈来愈大的挑战。

你知道吗？许多成功人士都很善于持之以恒，即使有些事情十分棘手，他们也坚持做到底；很多知名作家自己也说，写作对他们来说是一种折磨；大部分成功的企业家在事业起步的那几年也只能勉强度日；我们还从专业音乐人士那里知道，练习带给他们的快乐远远少于演出带来的快乐。

著名的游泳运动员迈克尔·菲尔普斯在奥林匹克运动会上共获得了23块金牌。他曾经说过："孩童时我很讨厌水！而且根本不想做和水有关的任何事。"

你也许会问，既然这样，那他是怎么做到这一步，竟然成了如此成功的游泳运动员？对于他的成功，迈克尔·菲尔普斯解释道："设定目标一定要高远，不能太容易。这些目标应该能督促你努力工作，即便它们让你为难也要坚持。"他相信，只要我们有坚定的目标，为之努力工作并投入足够的时间，那就一定能成功。

迈克尔·乔丹，史上最伟大的篮球运动员，在青少年时期曾因球技不佳而被淘汰出篮球队。他没有因此自暴自弃，而是继续疯狂地训练。随着时间的推移，他变得十分优秀，甚至连甲级联赛的明星都在关注他的乙级联赛比赛——只是为了能够看到他。

你可以把写作业作为你练习抗压的机会。如果你勇敢地坚持运用这个抗压法，渐渐地就没有什么能阻碍你进入正常的学习状态了；而且无论作业有多难、多乏味，无论你已经失败过多少次，你终将通过努力获得成功。

如果你真的有一位可憎的老师，那你可以立刻把他当作你的动力源泉。告诉自己："我会做给那个家伙看！他别想把我看扁了！"然后投入到作业中去。

奖励之法

小狗为了得到小饼干，还有什么不能做的呢？"坐下，趴下，握手——奖励一个小饼干！"

如果你愿意，你也可以训练你的大脑。很简单——按照这个原则："好好学习，然后就有小饼干！"

比如你可以考虑一下，学习完成后你想怎样犒劳自己。你想去见一个朋友？吃块美味的巧克力？还是晚上看一部精彩的电影？

把不同的小犒劳分散到学习当中。比如："我先认真学习笔记上的这三项，然后去洗个澡。"

你也可以想象，做完今天的作业后，你的感觉会有多么好。比如："如果我做完了，那我就又前进了一大步。然后我就可以好好享受晚上的时间了。"

对有些同学来说，先做最讨厌的功课是一个好办法，这样他们就会因为后面要学那门最喜欢的功课而开心。

> 卡门和索尼娅今天很准时，给每人奖励一个"太阳"。

◆ 费力最少之法

无论你怎么做都无济于事——有些功课就是让你厌烦。

如果你几乎无法振作起来，那还有"费力最少之法"可用。

冷静地计算出你必须拿几分这门课才能及格，然后就只学能考这几分的内容①。

写这一章的时候我们回想起来，我俩都有一门课用到了这个策略。

我，斯蒂芬妮，虽然对历史很感兴趣，却碰到这样一位老师，他——虽然很友好——却有个怪癖，喜欢考年代和小细节。最后一次历史考试前我就知道，即使这次考零分，我的平均成绩也可以及格。于是我就放弃了历史的复习，还利用考试时间给老师写了一首诗，叫做《新少年W之烦恼》（因为他的姓的开头字母是W）。这首诗的大意是，这个来自大城市的人到我们的乡村学校后所必须忍受的一切——从满是尘土的漆皮鞋，到我们土味十足的乡村方言，他经常为此生气。历史老师后来的反应很幽默，还给全班朗读了这首诗。（这可真难为情！）

我，法比安，有一位非常友善的数学老师，他的课即便是那些学习差一点的学生也能跟得上。可是，我对数学和物理就是不感兴趣。

高中毕业考试前，我盘算了一下：就算毕业成绩单上有一科不及格，各科加起来的平均成绩也能轻松过关②。所以，我就在物理上多下了点功夫，因为物理要学的内容没有数学那么多。由于这一年我的数学平均成绩合格——所以我就允许自己在毕业考试前不复习，数学考试交了白卷③。

---

① 译者注：瑞士学校采用6分制，6分最高，4分及格。
② 译者注：瑞士高中规定，只有平均成绩合格，并且在所有课程中不及格的不超过四门，该学生才能毕业。
③ 译者注：瑞士的小学、初中和高中没有期中、期末考试。高中共四年，单科毕业成绩的计算方法是该科第四年全年考试成绩的平均值 + 该科毕业考试成绩，比重各占50%。

我只是给老师写了个留言，让他知道，交白卷纯粹是我个人兴趣问题，与他无关。

如果你选择"费力最少之法"，那你必须谨慎。你必须明确知道，自己能做什么，不能做什么；并且能正确评估，你必须付出多少努力才能得到你想要的分数。

我们建议，如果必须采取"费力最少之法"的话，你最多选一科做最低分数要求。

偶尔有意地偷下懒，也能让人获得满足。

探究缘由之法

有时一个令人信服的理由，或几个有力的论据，就可以帮你把大脑的潜能调动出来。你可以通过回答下列问题找到这些理由或论据。

★ 这门课或这部分内容有哪些吸引人的地方？

★ 为什么知道或者运用这个东西会有好处？

★ 这些东西对我将来的理想职业起什么作用？

菲利普想唤起大脑对英语的兴趣。于是他问自己：
"学这种语言对我有什么用？学好英语有哪些好处？"

他找到了下列答案：

★ 下次去国外度假时，我可以自己在饭店点吃喝。

★ 如果能在大街上听懂别人说话，我会感觉舒服些。

★ 那我就能掌握一种我的祖辈都不会的语言。

★ 我终于能明白我喜欢的歌曲唱的是什么。或许我甚至能分辨出，哪些乐队或很酷的说唱艺人其实在唱那些毫无意义的东西。

★ 英语是世上70多个国家的官方语言。几乎所有地方的人都能听懂我说的话。我也能和不同文化的人交流。

★ 我绝不会因为英语而留级。

顺便提一下：世上有超过30个国家说法语。很酷，不是吗？突然间我很疑惑，为什么我，斯蒂芬妮，居然学了7年的拉丁语？毕竟今天也没人说这种语言了，或许除了几座教堂之外。尽管如此，拉丁语仍是我最喜欢的科目之一。也许对我来说，这些古老的文字就像是神秘的疑团，必须要被破解——可惜这种神秘的语言，今天已经几乎没人能看懂了。

那你呢？你能让大脑对哪门课程感兴趣？

也许你对人类和环境、科学技术、地理或物理感兴趣，毕竟这些可以让你了解我们的社会，知道它是怎么运作的。这些还是无法吸引你的大脑吗？那你可以根据上课内容在YouTube上找一个精彩的视频、一本有趣的书或者一部非常好的影片让大脑"惊喜"吧。这个办法特别有帮助，尤其是在手上的教科书不好的时候。

练习：让自己振作

现在轮到你了，你怎么战胜"自己的懒虫"？把你的想法写下来。

练习：学习动力

我这样做可以唤起大脑对学习的兴趣：
_____
_____

如果我一点兴致都没有（比如必须学最厌恶的那门课），那这样做可以使我进入学习氛围：
_____
_____

如果你想知道是什么激励了阿迪，请看短视频：克服拖拖拉拉的毛病

再见，考试压力！

一想到考试，你的胃就开始痉挛了吗？发试卷时，你是否心跳加速，双手也抖个不停？有时你脑海中也会窜出下列想法：

"天啊！反正我也不会！"

"哎呀，我心又跳得厉害！我紧张死了。我马上就什么都想不起来了。"

"时间快不够了！"

"对数学来说，我就是太笨。"

那就继续埋头读这本书吧。我们将逐步教你不再畏惧与恐惧交锋！

❖ "你好啊，恐惧！我们一起参加考试吧！"

其实恐惧是一个非常神奇的东西。如果没有恐惧，人类早就绝种了。恐惧会警告我们危险，并以此确保我们能幸免于难。它是怎么做到的呢？当我们紧张或恐惧时，身体会出现神奇的变化：心跳加速，心脏向全身泵出大量的血液；呼吸加快，让血液可以获取更多的氧气；肌肉紧张，全身开始出汗。身体就这样聚集了全部的能量，以便我们能更好

地应付危险的情况。

想象一下，一个石器时代的人，遇到剑齿虎的时候正优游自在。那么在他慢悠悠转身的时候，那头猛兽就能一口吞了他。因此，石器时代的人必须运用全身的力量，与野兽搏斗或者逃生。这时他的恐惧就帮到了他……

许多同学认为，紧张不安是件非常糟糕的事情。他们认为，如果感到紧张，那他们就不能好好地集中注意力了；如果他们开始出汗或双手颤抖，那他们就想："又开始了！我的脑子肯定马上就要一团糟了。"

聪明的学霸都知道，大脑需要一点紧张感来提起精神。他们在考试时也会有点儿紧张。当他们的心脏开始狂跳或者双手开始颤抖时，他们就告诉自己："你现在有些紧张，这没关系。继续看题吧。"

至于你的恐惧是否会妨碍你，或者甚至可以激发你，取决于你怎样应对。有些想法会让恐惧加重，并越来越妨碍你在考试时集中注意力。那些好的想法却能帮助你，即使是在紧张状态下，也能让你把所知道的都写到考卷上。

"你不用担心"

如果向别人诉说自己的紧张不安，别人总会传授给你一大套肤浅的窍门。虽说这些窍门都是好意，可通常帮助不大。

其中也包括父母"安慰性"的话语，比如：

"你肯定能做到！"

"就算这次得了个差分，也没多糟呀。"

"可到现在每次结果都不错啊。"

或者诸如下面的窍门：

"那就想象你的听众都只穿着内裤。"

"做三次深呼吸，并想着，我学过了，我肯定可以写出来！"

"告诉自己，我很放松，我可以保持镇静。"

可这些都没用，如果你不确定平均成绩是否能及格，那考试再得一个差分肯定很糟糕，而且仅仅做点呼吸的练习也不会让你立刻就"安静和放松"下来。

只要你尝试与恐惧抗争，并认为考试时一定要放松，那恐惧就会越来越严重。

一旦你接受恐惧，那就容易多了，同时你也会注意到："即使我紧张不安，我仍然可以参加考试。"有很多演员和歌手，他们都说："我需要怯场，只有这样我才能真正发挥好。"

研究人员也证实，确是如此：当人们有点紧张不安时，可以发挥出最高水平。

也许你自己也曾经历过这种情况：在考试前一天无法入睡，结果考试当天特别困。早餐时你也许还想："糟糕，这下我完了——没戏了。"可是当试卷刚发到眼前，你就感觉浑身是劲。你完全没有疲劳感，认真地开始答题。有些大学生也告诉我们，他们虽然得了流感，可还是参加了毕业考试——他们考试时根本没有感觉到任何不适。

与你的恐惧做朋友

你知道，就算你戴上玫瑰色的眼镜，乐观地看问题，也不会抑制住恐惧。但你可以设法不被恐惧打垮。你越经常发现你可以应对恐惧，那恐惧就会越少。

为自己建立一个应急程序

为了让你即使在恐惧时仍然能够学习、考试和演讲,你需要一个有效的应急程序。石器时代的人有一个应急程序,那就是:逃跑——如果没用——决斗!

可惜这对考试没用,因此你必须为你的大脑开发一个自己的应急程序,明确地告诉大脑在精神压力大的情况下应该想什么、做什么。

所有在日常生活中必须处理意外情况的职业,都必须练习应急程序,比如急救医生、警察、飞行员、消防员、士兵、助产士和监狱看守等。他们明确地知道:

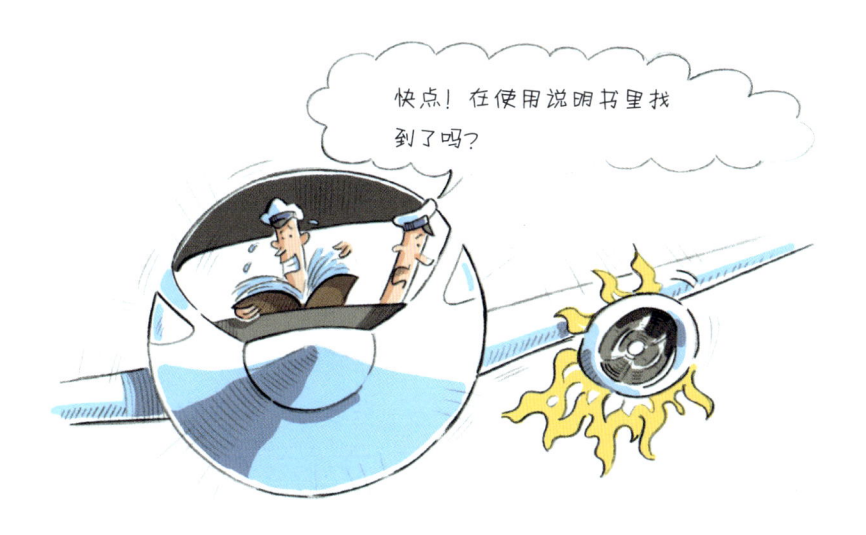

发生了 X，我就做 Y。

就是这个技巧，我们现在要把它运用到考试中去，以便你在有精神压力时同样能集中注意力，就像急救医生赶到事故现场时一样。我们来看几个例子。

拉丽莎复习时总想着考试

也许你就像拉丽莎那样，复习时就已经无法集中注意力了。那些担忧总是让她分神。她想着：

★ 这我永远都搞不懂！

★ 我就是太笨。

★ 其他人都比我写得快，比我写得好。

★ 我现在都不明白，考试时怎么可能会？

拉丽莎可以这样减压：她要让自己明白，学习并不是赛跑，而且就算是最聪明的人，也不是什么东西一看便懂。

现在，如果她学习碰到了困难，她就轻声对自己说：

★ 继续阅读，明天把难的地方再看一遍。

★ 这个很难。我不能立刻理解，这很正常。

★ 如果我总是想着其他人，我也不会学得更快。所以现在我按自己的速度进行。

★ 我可以花点时间多练习。

立刻写出你的应急计划吧。如果你喜欢拉丽莎的某一句话，你可以直接采用，或者你自己想出一句更好的。

如果我学习时碰到困难，那么

_____

_____

_____

艾玛受不了了

如果艾玛需要同时准备多个考试，那她就会陷入恐慌。此外，下面这些想法也加重了她的精神压力：

★ 这么多题，我肯定做不完！

★ 其实根本就不值得再复习！

★ 那个胡伯尔（老师）向来就爱考那些我没复习的东西！

★ 我必须都会！

现在，如果艾玛一周有好几个考试，她就告诉自己：

★ 我很可能复习不完所有内容——但我复习的东西，对我也有帮助。

★ 我的时间不够复习所有内容，但可以复习最重要的。我把注意力集中在学习大纲上。

★ 有时考试会出我没有复习到的题——但大部分题都在学习大纲上。

★ 一个接一个地来——下一步我想复习什么？

现在轮到你了。

如果我同时要准备多个考试，那么

_____

_____

_____

罗密欧彻夜无眠

罗密欧在考试前几乎无法入睡。他在床上翻来覆去快要疯了。他越担心无法入睡，他的头脑就越清醒地在想：

★ 你要是还不睡，明天考试时你就太困了！

★ 还只剩6个小时，我就得起床了。

★ 那个负责光合作用的细胞部分叫什么来着？叫什么素——糟了，这个肯定会考！在哪儿出现过？我还是赶紧看一下比较好……

幸亏他又找到了几个有帮助的办法。

如果在考试前我无法入睡，那么

★ 我就告诉自己：就算你根本不睡觉，你的身体在考试时也能做到精力充沛。

★ 我就再打开灯，读会儿小说，直到困得眼睛自己合上。

那你呢？哪些想法可以帮助你？

_____

_____

_____

尼可拉斯伤透了脑筋

尼可拉斯很刻苦，是个好学生。虽然如此，他还总是害怕会考不好：

★ 我必须优秀。

★ 我不可以得差分——那会拉低我的平均成绩。

★ 我要是考砸了怎么办？我父母肯定会很失望。

幸亏尼可拉斯学会了从另一方面考虑这个问题。关于分数，他现在坦然多了。

如果我害怕考试成绩不佳，那我就告诉自己：

★ 如果我能考个好分数，当然好。就算考砸了，我也死不了。

★ 以后没人有兴趣知道，我7年级某一科的成绩较好还是较差。

★ 好好准备，尽我所能。

★ 如果分数不好，我会难过一两天——这我熬得住。

★ 我父母可以期望我努力——但不能期望我总是优秀。

★ 我尽量做好——看看结果如何。

现在轮到你了。也许尼可拉斯的话可以帮到你。不然你肯定可以找出更适合你的句子。

如果我备受煎熬，总担心成绩不好，那么

_____

_____

_____

……三年级的时候,我的数学不但是最高分,而且我还是同年龄组的心算冠军……这里我带来了几篇七年级的作文,老师的评语是"词汇量丰富"。如果您想看看,这是复印件……希望在新的工作岗位上,我能在这个基础上再接再厉。

打哈欠

戴维的求职面试让人兴致索然。

苏珊考试时心理压力很大

不管苏珊准备得有多好,每次考试对她来说都很恐怖。她会出汗,头晕,字迹也会因为手抖而变得潦草。

她从一道题跳到另一道题,经常感觉在与时间赛跑。

★ 我的心砰砰乱跳!

★ 我很难受!

★ 如果我的手再这么抖,到最后没人能看清我写的字了。

★ 时间不够了!

★ 我做得太慢了。

★ 都有人交卷了!他们怎么能那么快就答完了?

苏珊现在考试仍然紧张,但她不会因为恐惧而无法答题。她用下面的应急计划做到了这一点。

如果我考试时感觉心理压力很大,那我就告诉自己:

★ 我的心砰砰跳。它把血液泵到大脑,以便我能认真思考。

★ 我很紧张,这我忍受得了——尽管如此,我仍可以答题。

★ 我的双手发抖,这也无所谓——老师几乎能辨认出各种笔迹。

★ 一道题接着一道题做。

★ 宁愿做四道题都对而不是做五道题都错——按我的速度答题。

★ 有人做得快，有人交卷，因为他们知道得不多。我要把注意力集中在考试上。

你的应急程序如何？

如果我考试时心理压力大，那么

_____

_____

大卫努力争取升级

大卫拼命努力地学习，争取达到高中的各项要求，但他不确定能否继续留在高中。

虽然他为学习花了很长时间，可成绩还是让人沮丧。他的各种担心并没起作用：

★ 如果我无法升级，所有人都会认为我是一个失败者。

★ 我必须做到。

★ 我决不从高中退学！

★ 我不能这样伤害我父母！

但是大卫也找到了一个办法，能更好地应对这种情况。

要是我担心是否能升级，那我就告诉自己：

★ 我可以努力，可以积极复习——再多的我也没办法了。

★ 也许高中就不适合我。如果年年都受这样的折磨，对我也不好。

★ 无论发生了什么，我的父母都会支持我。

★ 我的朋友依旧还是我的朋友——不论我去哪里上学。

★ 如果我能高中毕业当然好，否则还有其他的途径谋得一个好职业。

你的情况也类似吗？有什么可以帮助你呢？

如果我担心不能升级，那么

___

___

___

练习应对紧急情况

你是否已经写下几个应对困难情况的想法了？这太好了！

但仅有这些还不够。就好像警察在培训时，只是听了一遍在危险情况下应该做出怎样的反应。

在精神紧张的状态下，我们需要有一个应急程序，这样，我们无须过多思考就知道如何应对。你可以按下面的步骤做。

第1步　建立应急卡

把那些对你有帮助的话写到漂亮的卡片上。正面可以注明困难情况，反面是那些对你有帮助的想法。

这里看一下苏珊和罗密欧准备的应急卡。

正面

如果考试时我心砰砰跳得很快……

反面

……那我就告诉自己：你心跳很快。这很正常。你可以紧张。

正面

如果我在考试前无法入睡……

_____

_____

_____

反面

……那我就告诉自己：就算你根本不睡，你考试时也会精力充沛。读一会儿你喜欢的小说，直到眼睛自己合上。

第2步　背诵这些新想法

熟悉你的这些新想法。睡前读一读，并且时不时地拿起来看看。如果你在感到紧张之前就开始这样做，会很有帮助。

消防员也不是在真正的火灾中进行火火救援训练的。

如果你读卡片的正面，那你应该立刻就能想到卡片反面的句子，而且这个句子能让你安心。

第3步　在严峻的条件下练习

如果你已经记牢了这些句子，那你就可以进行下一步：想象困难情景正浮现在你眼前，然后继续在大脑中默念那些新想法。

苏珊预想了数学考试时可能出现的各种状况。她想着：早上怎么进教室，怎么坐到座位上，老师怎么发试卷，以及她怎么开始做第一道题。当她沉浸在这种想象中时，她就感到自己慢慢变得紧张：心跳加速，呼吸急促。现在该她的应急程序起作用了。她告诉自己："你心跳很快，这很正常，你可以紧张。"

苏珊多次在脑海中练习想象这种场景，以及那些应对办法。她很吃惊：刚开始几次练习时她还感到很紧张，可时间长了，大概第七次的时候，她明显地平静多了。

在接下来的那次考试时苏珊还是有点害怕，可她现在很清楚地知道应该怎样应对自己的紧张情绪。

窍门：你也可以预备好应急卡，以便你能在紧要关头想起自己的应急程序。罗密欧把卡片和他最喜欢的小说一起放在床头柜上。这样，如果他在考试前一晚又睡不着，可以直接拿过来看。

马上就考试了，可我还是恐慌！

最后，我们还想告诉你一个技巧——怎样应对突然出现的考试压力。

也许在考试当天的早晨，你突然感到不安；或者在课间时，你突然紧张了起来。

如果出现这种情况，你绝对不要去抑制恐惧，也不要在恐慌的时候还想着往脑袋里塞更多的复习内容。

相反，拿出一张纸、一支笔，用10分钟的时间写下那些因为考试而折磨你的所有忧虑和恐惧，把你此刻的感觉和想法都释放出来。如果写得看起来很混乱也没有关系，尽管如此，仍然有用。大卫是这样写的：

"该死，课间过后就是历史考试了。如果考臭了，我就完了。我必须考过。为什么我现在又这么紧张？如果我这次又考不好，我爸妈会杀了我。我出了那么多汗，像头猪。讨厌。他肯定又要考我没复习的东西。为什么我没早点开始复习呢？我难受死了。凯撒是什么时候被谋杀的来着？糟了，

> 我昨天还特意又看了一遍！肯定会考砸。我立刻就能嚎啕大哭。这愚蠢的心跳过速什么时候才能正常？现在马上就开始了——天啊……"

大卫把所有的负面想法和感觉都写下来后，好似卸掉了一副重担。就好像他脑袋里的混乱被转移到了面前的纸上，整个头脑又开始清晰了。

另外，很多调查也证明这个办法很有效。现在我们为你介绍其中的两项调查。

把你的担心写到纸上

芝加哥大学的希恩·贝洛克和赫拉尔多·拉米雷斯在第一次生物期末考试前，给大学生们每人发了一个信封，这让学生们大吃一惊。

其中一半学生信封里的任务是，用10分钟的时间写下对即将开始的考试的忧虑和恐惧。

另一半学生只需要对一个与考试无关的主题进行思考。

那些在考试前写下忧虑和恐惧的学生，考试时的紧张感减少，甚至获得了较好的成绩。这对那些有极度考试恐惧的学生尤其有效。

在另一项研究中，针对有数学考试恐惧的学生，研究小组又得到一个有趣的结果：参与试验者在写他们的顾虑和感想时越情绪化，他们后来考得越好。

这也表明，你真的可以毫无顾忌地写出所有让你心烦的想法和感觉。

如果你的考试恐惧特别顽固，你可以通过心理咨询获得帮助。许多学校都有调解老师、心理咨询师或者学习辅导师等，他们都可以帮助你。

怎样向暂时性失忆宣战

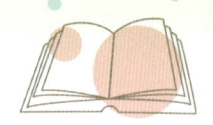

有些人在考试时会出现暂时性失忆。虽然他们很认真地复习过，可突然间什么都想不起来了。他们无法回忆起学过的内容，脑袋就像空了一样。在许多情况下，人们可以避免出现这种暂时性失忆。比如上一章讲过的内容都可以帮助你。另外，有些很棒的学习计划和聪明的学习策略也能带给你安定和安全感。这里我们还准备了几个应对暂时性失忆的特别窍门。

▶ 考试当天合上书

考试当天你还要再复习一遍吗？对有些同学来说，早上上学前再快速温习一下很有帮助。当然，这只适用于那些在快速温习的同时还能保持镇定的同学。

如果考前温习会使你紧张，那就对你有害无益！

也许你考试前一节课还试着把书放到腿上偷偷复习？

这时就很容易出现这种情况——你想着："糟了，这个我一点儿都想不起来了。哎呀，这个我还不会……"

你焦急地翻着书,大脑就好像被用力晃动的雪花玻璃球一般,里面一片混乱。突然间你学过的知识全都想不起来了。你可千万别让大脑遭这个罪。

考试前给自己定一个时间,过了这个时间不再看书。这时你可以明确地告诉自己:"好了,现在够了,我相信我能记住学过的知识,让我的大脑休息一会儿。"

雷欧在法语考试时很容易陷入恐慌。他试着给自己定了这个规则:考试前一天我只复习到晚饭时间,之后不再复习。效果很不错。

考试当天:一耳进,一耳出

你碰到过这种情形吗?考试前,你的同学在教室里窜来窜去叫嚷:

★"这个你复习了吗?"

★"哦,天哪——这个对吗?"

★"我以为,这个不需要知道的!"

他们焦急地翻笔记,比较谁都复习了什么。这会让你抓狂吗?会让你变得很紧张吗?那就让自己和自己的大脑远离这些压力吧!与其他人保持距离,听点音乐(如果你们学校允许的话),或者去一趟洗手间。你

亲爱的老师，你们可以随便给
我换座位。我和谁都聊得来。
梦想
坚信
实现
如厕时看一个聪明
的学习窍门
我的座右铭……
懒散地开始，然后
大踏步地退步。
聪明学习

也可以和同桌约好，课间一起出去，但不聊有关考试的内容。

◆ 一个一个地来

"考试开始时先把所有试题都看一遍，然后从最简单的题开始做。"很多老师都这样建议。这个方法有好处——但只适用于看题不会使你慌乱的情况。

如果考试一开始就浏览全部试题，确实会让很多人陷入慌乱。浏览试题时他们会想："这道题我到底会不会做？！哦，天哪，我该怎么办？这道题我一会儿肯定想不起来。"他们认为自己看到题目后立刻就应该知道会不会做，而且，他们还认为必须立即想到正确答案。

可是，你的大脑需要一点时间才能启动起来。如果你把所有任务一下子都推给它，大脑就会一片混乱。如果你浏览完试卷后还来来回回看试题，那情况会更糟。大脑在短时间内接收的信息太多，会导致"大脑高速路"堵塞。大脑用暂时性失忆来警告你："嗨，慢点来。这样不可能集中注意力！"它给你下了一个"强制休息"的诊断，以便你把速度降下来。

想让大脑根本走不到暂时性失忆这一步，你能做些什么呢？

你要做的就是每次只给大脑提供少量信息！考试时拿一张空白纸。试卷发下来后放在桌上，用纸盖住，只露出一道题，其他的都不看。

安心读题并花时间思考。不要强迫你的大脑立刻有灵感。通常，当人们完全看明白题目后，才能想出答案。对于数学、化学、物理或生物等科目，尤其如此。

在读题两到三分钟之后，如果确定还是想不出答案，就在题旁标一个星号，然后看下一道题。星号提醒你最后再看看还未解答的题。

如果出现暂时性失忆

为了让暂时性失忆出现得更少，我们总结一下，你可以

★ 运用有效的学习策略，聪明地准备考试。

★ 在准备阶段深入分析你的忧虑，并思考哪些想法对你有帮助。

★ 考试前，比如吃早餐时，写下你所有的忧虑和恐惧。

★ 考试当天不再看书。

★ 考前不与同学谈论考试。

★ 用纸盖住试题，一题一题地解，而不是拿到试卷后立刻开始看所有的题目。

★ 对自己说："你还是恐惧，允许恐惧出现。不要让它妨碍你。一题一题地做，不要着急。"

偶尔会出现的是，你的大脑在考试期间会有一个短暂的"强制性休

息"。整个大脑突然被一扫而空,心也狂跳不已。这种状态往往持续不超过5分钟。如果这时你能专注于你的恐惧,对你将很有帮助。

按照下列步骤做,你就能平静下来,大脑又能正常工作了。

1. 不要着急,把试题反扣在桌上。

2. 把椅子往后移一点,伸直腿。

3. 闭上眼睛。

4. 双手平放到肚子上。

5. 慢慢呼气并数到10,感觉肚皮慢慢地下沉。

6. 呼气后,屏住一会儿气息。然后开始吸气,慢慢吸气的同时再数到10。重复几次。

7. 继续平静地呼吸。注意力完全集中在呼吸上。

8. 如果你感觉平静些,就可以继续做题了。

在你没有精神压力的时候,多做几次这个呼吸练习。这个呼吸放松法其实就是一个应急程序,它需要经常练习,才能在紧张状态下对你有所帮助。

呼吸放松法的要领是,你必须慢慢地呼气。

也许你会想:"这么多题我还做不完呢——哪有时间做呼吸放松!"这是谬论。因为出现暂时性失忆时,你反正什么都想不起来,不如想点办法让大脑可以继续工作,而不是剩下的时间都呆坐在那里。就算你最终无法把试题全部做完,但你会做的每一道题,都能得分。

哇！

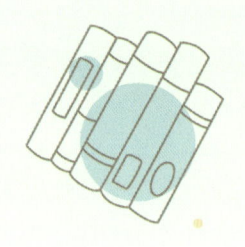

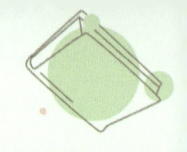

你已经翻到了书的最后。这本书你真的都读了吗？那么衷心地祝福你，我们很感动，你能读完这本书。我们希望，你读这本书的时候觉得有意思，而且还能从中受益。

当然你不可能一次就运用所有的窍门，也没人要求你那么做。就从中选一个或两个你特别喜欢的策略开始吧。如果成功了，你可以再把书拿出来，重新选几个技巧来尝试。

最后我们要感谢那些作为本书试读者的青少年。他们将读后感详细地反馈给我们，告诉我们哪一章特别有趣或诙谐，哪一章很无聊，令人昏昏欲睡。这样我们才能将本书修改得尽善尽美。

祝好

斯蒂芬妮和法比安

哦，对了，假如你想知道，我们视频中的阿迪最后是否通过了毕业考试，请看最后一个视频：考期临近，大脑需要什么

作者

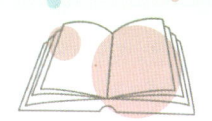

　　通常作者都会在书的最后做个简单的自我介绍。为了不让你们立刻就感到无聊，我们省略了工作简介和其他无聊的信息。取而代之的是我们为你准备了一个"精美的"朋友留言。对此没人会因为太老了而不能做，对吧？[①]

[①] 译者注：在瑞士，小学生间经常相互交换朋友留言册。

这是我——斯蒂芬妮·里茨勒
(Stefanie Rietzler)

朋友们称呼我：斯蒂芬、机灵鬼、大个儿、白雪公主

身高：1.80m

星座：双鱼座

我最喜欢做的事：和我喜欢的人共度时光，看或跳芭蕾，阅读，写作，游泳，外出用餐

我最讨厌的人和事：袜子的发明，那些把摆拍的旅游自拍照加上"深刻的"标题发到网上（如《生命是一场旅行》及类似的废话）的人，挨饿

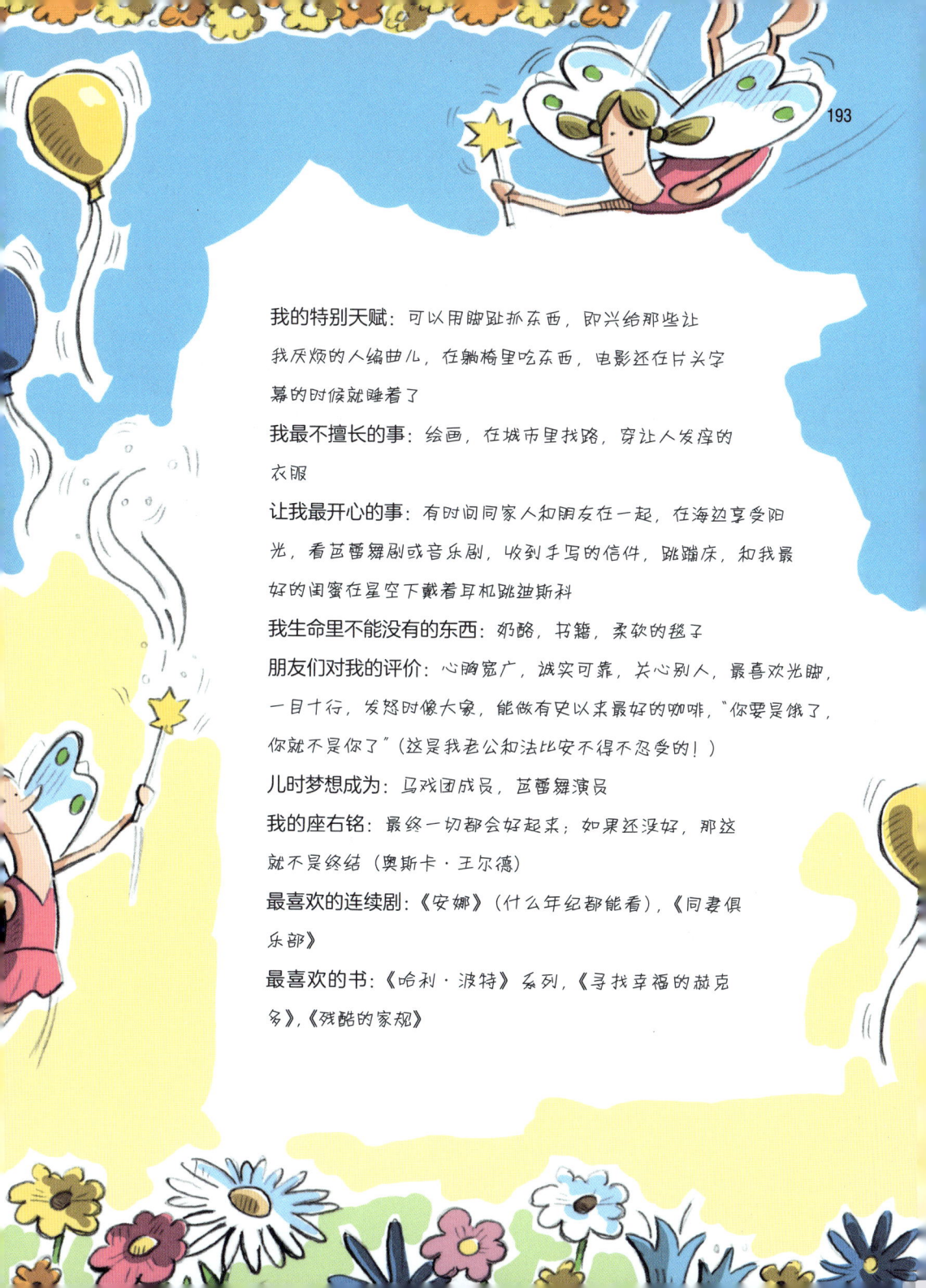

我的特别天赋：可以用脚趾抓东西，即兴给那些让我厌烦的人编曲儿，在躺椅里吃东西，电影还在片头字幕的时候就睡着了

我最不擅长的事：绘画，在城市里找路，穿让人发痒的衣服

让我最开心的事：有时间同家人和朋友在一起，在海边享受阳光，看芭蕾舞剧或音乐剧，收到手写的信件，跳蹦床，和我最好的闺蜜在星空下戴着耳机跳迪斯科

我生命里不能没有的东西：奶酪，书籍，柔软的毯子

朋友们对我的评价：心胸宽广，诚实可靠，关心别人，最喜欢光脚，一目十行，发怒时像大象，能做有史以来最好的咖啡，"你要是饿了，你就不是你了"（这是我老公和法比安不得不忍受的！）

儿时梦想成为：马戏团成员，芭蕾舞演员

我的座右铭：最终一切都会好起来；如果还没好，那这就不是终结（奥斯卡·王尔德）

最喜欢的连续剧：《安娜》（什么年纪都能看），《同妻俱乐部》

最喜欢的书：《哈利·波特》系列，《寻找幸福的赫克多》，《残酷的家规》

这是我——法比安·格罗利蒙德
(Fabian Grolimund)

朋友们称我： 法比，格罗莱

身高： 1.80m

星座： 天蝎座

我最喜欢做的事： 阅读，玩游戏，看电影，外出用餐，在咖啡厅写作，和我的孩子在一起

我最讨厌的人和事： 那些把自己的食物发到Instagram上和不停自拍的人

我的特别天赋：对别人的弱点立刻就有一套刻薄的说辞（斯蒂芬妮是最受罪的一个），即兴编故事（我的孩子最喜欢）

我最不擅长的事：强迫自己做无聊的事情，早起，严肃，如果我困了（困倦之后的所作所为让人讨厌——斯蒂芬妮总这么说）

让我最开心的事：读（或者写）一本好书，没有工作预约的一天，沉浸在自己的思绪里，在第四代家用游戏机上玩《巫师3：狂猎》

我生命里不能没有的东西：甜食，咖啡

朋友们对我的评价：幽默，大度，乐于助人，嘴边总挂着无聊的话，"法比，开启闭嘴模式！"

儿时梦想成为：动物园长

我的座右铭：永不言败，就要顽皮、狂野、精彩（阿·林格伦）

最喜欢的连续剧：《权力的游戏》

最喜欢的书：《魔戒》

参考文献

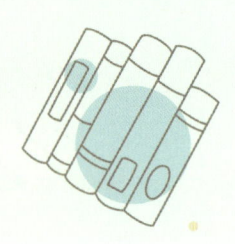

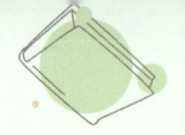

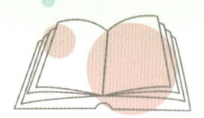

Abikoff, H., Courtney, M. E., Szeibel, P. J. & Koplewicz, H. S. (1996). The effects of auditory stimulation on the arithmetic performance of children with ADHD and nondisabled children. *Journal of learning disabilities, 29* (3), 238–246.

Adam, H. & Galinsky, A. D. (2012). Enclothed cognition. *Journal of Experimental Social Psychology, 48* (4), 918–925.

Archer, T. & Garcia, D. (2014). Physical exercise influences academic performance and well-being in children and adolescents. *International Journal of School and Cognitive Psychology, 1* (1).

Birkenbihl, V. F. (2005). *Stroh im Kopf?: Gehirn-Besitzer zum Gehirn-Benutzer*. Frankfurt am Main: Redline.

Carey, B. (2015). *Neues Lernen: Warum Faulheit und Ablenkung dabei helfen*. Reinbek: Rowohlt.

Cassady, J. C. & Johnson, R. E. (2002). Cognitive test anxiety and academic performance. *Contemporary educational psychology, 27* (2), 270–295.

Chaker, S. & Hoyer, J. (2007). Erythrophobie: Stöungswissen und Verhaltenstherapie. *Verhaltenstherapie*, 17 (3), 183–190. https://doi.org/10.1159/000105103

Colcombe, S. J. & Kramer, A. F. (2003). Fitness effects on the cognitive function of older adults: a meta-analytic study. *Psychological Science, 14,* 125–30.

Cohen, S. (2004). Social relationships and health. *American Psychologist, 59* (8), 676.

Donnelly, J. E., Greene, J. L., Gibson, C. A., Smith, B. K., Washburn, R. A., Sullivan, D. K. et al. (2009). Physical Activity Across the Curriculum (PAAC): a randomized controlled trial to promote physical activity and diminish overweight and obesity in elementary school children. *Preventive Medicine, 49* (4), 336–341.

dpa. (2014, 18. August). Wilderei: Gier nach Elfenbein bedroht Afrikanische Elefanten. *Zeit Online.* Zugriff am 26. Januar 2018 unter http://www.zeit.de/wissen/umwelt/2014-08/wilderei-afrikanischer-elefant

Drummond, P. D., Back, K., Harrison, J., Helgadottir, F. D., Lange, B., Lee, C. et al. (2007). Blushing during social interactions in people with a fear of blushing. *Behaviour research and therapy, 45* (7), 1601–1608.

Dworak, M., Schierl, T., Bruns, T. & Strüder, H. K. (2007). Impact of Singular Excessive Computer Game and Television Exposure on Sleep Patterns and Memory Performance of School-aged Children. *Pediatrics, 120* (5), 978–985.

Euston, D. R., Tatsuno, M. & McNaughton, B. L. (2007). Fast-forward playback of recent memory sequences in prefrontal cortex during sleep. *Science, 318* (5853), 1147–1150.

Feldman, D. B. & Silvia, P. J. (2010). *Public Speaking for Psychologists: A Lighthearted Guide to Research Presentations, Job Talks, and Other Opportunities to Embarrass Yourself.* Washington: APA.

Ferris, L. T., Williams, J. S. & Shen, C. L. (2007). The effect of acute exercise on serum brain-derived neurotrophic factor levels and cognitive function. *Medicine and science in sports and exercise, 39* (4), 728–734.

Frings, S. & Müller, F. (2014). *Biologie der Sinne: Vom Molekül zur Wahrnehmung.* Berlin, Heidelberg: Springer.

Gluck, M. A., Mercado, E. & Myers, C. E. (2010). *Lernen und Gedähtnis: Vom Gehirn zum Verhalten.* Heidelberg: Spektrum Akademischer Verlag.

Goleman, D. (2014). Konzentriert Euch!: *Anleitung zum modernen Leben.* München: Piper.

Gottselig, J. M., et al. (2004). Sleep and Rest Facilitate Auditory Learning. *Neuroscience, 127,* 557–561.

Griffin, E. W., Mulally, S., Foley, C., Warmington, S. A., O'Mara, S. M. & Kelly, A. M. (2011). Aerobic exercise improves hippocampal function and increases BDNF in the serum of young adult males. *Physiology & Behavior, 104* (5), 934–941.

Hätling, S., Cooper, R., Uebele, C. & Dauer, S. (2013). Erröen – ein psychologisches Phäomen?: Überblick über den Forschungsstand [Blushing – A psychological phenomenon? A review]. *Report Psychologie, 38* (2), 58–66.

Hallam, S., Price, J. & Katsarou, G. (2002). The effects of background music on primary school pupils' task performance. *Educational studies, 28* (2), 111–122.

Hammelstein, A. (2008). *Lernwerkstatt Elefanten: Wissenswertes über die bedrohten Dickhäter.* Kerpen-Buir: Kohl.

Hillman, C. H., Erickson, K. I. & Kramer, A. F. (2008). Be smart, exercise your heart: exercise effects on brain and cognition. *Nature Reviews Neuroscience, 9* (1), 58–65.

Hobson, J. A. & Pace-Schott, E. F. (2002). The cognitive neuroscience of sleep: neuronal systems, consciousness and learning. *Nature Reviews Neuroscience, 3*, 679–693.

Huang, T., Larsen, K. T., Ried-Larsen, M., Møler, N. C. & Andersen, L. B. (2013). The effects of physical activity and exercise on brain-derived neurotrophic factor in healthy humans: A review. *Scandinavian Journal of Medicine & Science in Sports, 24* (1), 1–10.

Hüther, G. (2016). *Bedienungsanleitung für ein menschliches Gehirn.* Götingen: Vandenhoeck & Ruprecht.

Jamieson, J. P., Mendes, W. B., Blackstock, E. & Schmader, T. (2010). Turning the knots in your stomach into bows: Reappraising arousal improves performance on the GRE. *Journal of Experimental Social Psychology, 46* (1), 208–212.

Keller, G. (2005). *Lern-Methodik-Training: Ein übungsmanual für die Klassen 5–10* (2. Aufl.). Götingen: Hogrefe.

Kukolja, J., Thiel, C. M., Wolf, O. T. & Fink, G. R. (2008). Increased cortisol levels in cognitively challenging situations are beneficial in young but not older subjects. *Psychopharmacology, 201* (2), 293–304.

Kurt, F. (2014). *Von Elefanten und Menschen.* Bern: Haupt.

Lees, C. & Hopkins, J. (2013). Effect of aerobic exercise on cognition, academic achievement, and psychosocial function in children: A systematic review of randomized control trials. *Preventing Chronic Disease, 10* (174).

Mühl, M. (2007, 13. August). Vier ist schüchtern und still. *Frankfurter Allgemeine Zeitung.* Zugriff am 26. Januar 2018 unter http://www.faz.net/aktuell/

feuilleton/buecher/rezensionen/sachbuch/inselbegabte-vier-ist-schuechtern-undstill-1462508.html

Murayama, K., Pekrun, R., Lichtenfeld, S. & Vom Hofe, R. (2013). Predicting longterm growth in students' mathematics achievement: The unique contributions of motivation and cognitive strategies. *Child Development, 84* (4), 1475–1490.

Park, D., Ramirez, G. & Beilock, S. L. (2014). The role of expressive writing in math anxiety. *Journal of Experimental Psychology: Applied, 20* (2), 103.

Pashler, H., McDaniel, M., Rohrer, D. & Bjork, R. (2008). Learning styles: Concepts and evidence. *Psychological Science in the Public Interest, 9* (3), 105–119.

Patzke, N., Olaleye, O., Haagensen, M., Hof, P. R., Ihunwo, A. O. & Manger, P. R. (2013). Organization and chemical neuroanatomy of the African elephant (Loxodonta africanus) hippocampus. *Brain Structure & Function, 216,* 403–416. https://doi.org/10.1007/s00429-013-0587-6

Pauk, W. (2001). *How to study in College* (7th ed.). Boston: Houghton Miffl in.

Phelps, M. (2016). *Interview mit ESPN.* Zugriff am 18. Juni 2017 unter http://www.espn.com/video/clip?id=17326157

Pontifex, M. B., Saliba, B. J., Raine, L. B., Picchietti, D. L. & Hillman, C. H. (2013). Exercise improves behavioral, neurocognitive, and scholastic performance in children with attention-defi cit/hyperactivity disorder. *The Journal of Pediatrics, 162* (3), 543–551.

Ramirez, G. & Beilock, S. L. (2011/2014). Writing about testing worries boosts exam performance in the classroom. *Science, 331* (6014), 211–213.

Rasch, B. & Born, J. (2013). About sleep's role in memory. *Physiological Reviews, 93* (2), 681–766.

Rawlinson, G. (1976). *The Significance of Letter Position in Word Recognition.* PhD Thesis, Nottingham University.

Shephard, R. J. (1996). Habitual physical activity and academic performance. *Nutrition Reviews, 54* (2), 32–36.

Shoshani, J., Kupsky, W. J. & Marchant, G. H. (2006). Elephant brain: Part I: Gross morphology, functions, comparative anatomy, and evolution. *Brain Research Bulletin, 70* (2), 124–157.

Spitzer, M. (2007). *Lernen: Gehirnforschung und die Schule des Lebens.* Heidelberg: Spektrum Akademischer Verlag.

Spitzer, M. (2012). *Digitale Demenz: Wie wir uns und unsere Kinder um den Verstand bringen.* München: Droemer.

Steiner, V. (2014). *Sprachen lernen mit Power.* Zürich: Ringier Axel Springer.

Stickgold, R. & Walker, M. P. (2013). Sleep-dependent memory triage: evolving generalization through selective processing. *Nature Neuroscience, 16* (2), 139–145.

Verburgh, L., Köigs, M., Scherder, E. J. & Oosterlaan, J. (2013). Physical exercise and executive functions in preadolescent children, adolescents and young adults: a meta-analysis. *British Journal of Sports Medicine, 48* (12), 973–979.

Ward, J. (2015). *The Student's Guide to Cognitive Neuroscience* (3rd ed.). London, New York: Psychology Press.

White, R. E., Prager, E. O., Schaefer, C., Kross, E., Duckworth, A. L. & Carlson, S. M. (2017). The "Batman Effect": Improving perseverance in young children. *Child Development*, 88 (5), 1563–1571.

Wilhelm, I., Diekelmann, S., Molzow, I., Ayoub, A., Möle, M. & Born, J. (2011). Sleep selectively enhances memory expected to be of future relevance. *Journal of Neuroscience, 31* (5), 1563–1569.

Williams, P. (2001). *How to be like Mike: Life lessons about Basketball's Best.* Deerfield Beach: Health Communications.

Winter, B., Breitenstein, C., Mooren, F. C., Voelker, K., Fobker, M., Lechtermann, A. et al. (2007). High impact running improves learning. *Neurobiology of Learning and Memory, 87* (4), 597–609.

WWF. (2004). *Factsheet African Elephant.* Zugriff am 26. Januar 2018 unter http://www.wwf.de/fi leadmin/fm-wwf/Publikationen-PDF/CITES_04_African_Elephant_factsheet.pdf

WWF. (2004). *Factsheet Asian Elephant.* Zugriff am 26. Januar 2018 unter http://www.wwf.de/fileadmin/fm-wwf/Publikationen-PDF/CITES_04_Asian_Elephant_factsheet.pdf

Yang, G., Lai, C. S., Cichon, J., Ma, L., Li, W. & Gan, W. B. (2014). Sleep promotes branch-s pecifi c formation of dendritic spines after learning. *Science, 344* (6188), 1173–1178.